MATERIALIEN ZUM AUSLÄNDISCHEN UND INTERNATIONALEN PRIVATRECHT

HERAUSGEGEBEN VOM MAX-PLANCK-INSTITUT FÜR AUSLÄNDISCHES UND INTERNATIONALES PRIVATRECHT

Direktor: Professor Dr. Konrad Zweigert

9/II

DIE MATERIELLE GÜLTIGKEIT VON KAUFVERTRÄGEN

Ein rechtsvergleichender Bericht

Erstattet im Auftrag des UNIDROIT

vom

Max-Planck-Institut
für ausländisches und internationales Privatrecht
in Hamburg

Direktor: Prof. Dr. Konrad Zweigert

BAND II:

Texte der zitierten Rechtsnormen und amerikanischen Restatements

1 9 6 8

WALTER DE GRUYTER & CO.
BERLIN

J. C. B. MOHR (PAUL SIEBECK)
TÜBINGEN

Gedruckt mit Unterstützung
der Deutschen Forschungsgemeinschaft

Printed in Germany
Druck: Buchdruckerei Eugen Göbel, Tübingen
Einband: Großbuchbinderei Heinr. Koch, Tübingen

Inhalt

HAAGER

Abkommen von 1955
über das auf internationale Käufe anwendbare Recht

Art. 3

A défaut de loi déclarée applicable par les parties, dans les conditions prévues à l'article précédent, la vente est régie par la loi interne du pays où le vendeur a sa résidence habituelle au moment où il reçoit la commande. Si la commande est reçue par un établissement du vendeur, la vente est régie par la loi interne du pays où est situé cet établissement.

Toutefois, la vente est régie par la loi interne du pays où l'acheteur a sa résidence habituelle, ou dans lequel il possède l'établissement qui a passé la commande, si c'est dans ce pays que la commande a été reçue, soit par le vendeur, soit par son représentant, agent ou commis-voyageur.

S'il s'agit d'un marché de bourse ou d'une vente aux enchères, la vente est régie par la loi interne du pays où se trouve la bourse ou dans lequel sont effectuées les enchères.

Einheitliches Kaufgesetz von 1964

Artt. 3, 6, 8, 33, 34, 52, 53, 57

Art. 3

Les parties à un contrat de vente sont libres d'exclure totalement ou partiellement l'application de la présente loi. Cet exclusion peut être expresse ou tacite.

Art. 6

Sont assimilés aux ventes, au sens de la présente loi, les contrats de livraison d'objets mobiliers corporels à fabriquer ou à produire, à moins que la partie qui commande la chose n'ait à fournir une partie essentielle des éléments nécessaires à cette fabrication ou production.

Art. 3

The parties to a contract of sale shall be free to exclude the application thereto of the present Law either entirely or partially. Such exclusion may be express or implied.

Art. 6

Contracts for the supply of goods to be manufactured or produced shall be considered to be sales within the meaning of the present Law, unless the party who orders the goods undertakes to supply an essential and substantial part of the materials necessary for such manufacture or production.

Art. 8

La présente loi régit exclusivement les obligations que le contrat de vente fait naître entre le vendeur et l'acheteur. Sauf exception formelle, elle ne concerne notamment pas la formation du contrat, ni les effets de celui-ci sur la propriété de la chose vendue, ni sa validité ou celle des clauses qu'il renferme, non plus que celle des usages.

Art. 8

The present Law shall govern only the obligations of the seller and the buyer arising from a contract of sale. In particular, the present Law shall not, except as otherwise expressly provided therein, be concerned with the formation of the contract, nor with the effect which the contract may have on the property in the goods sold, nor with the validity of the contract or of any of its provisions or of any usage.

Art. 33

1. Le vendeur n'a pas exécuté son obligation de délivrance:

a) lorsqu'il n'a remis qu'une partie de la chose vendue ou lorsqu'il a remis une quantité différente en plus ou en moins de celle qu'il avait promise dans le contrat;

b) lorsqu'il a remis une chose autre que celle prévue au contrat ou une chose d'une autre espèce;

c) lorsqu'il a remis une chose non conforme à un échantillon ou modèle remis ou adressé à l'acheteur, à moins qu'il ne l'ait présenté à titre de simple indication sans aucun engagement de conformité;

d) lorsqu'il a remis une chose qui ne possède pas les qualités nécessaires pour son usage normal ou son utilisation commerciale;

e) lorsqu'il a remis une chose qui ne possède pas les qualités nécessaires pour un usage spécial prévu expressément ou tacitement par le contrat;

f) en général, lorsqu'il a remis une chose qui ne possède pas les qualités et particularités prévues expressément ou tacitement par le contrat.

2. La différence de quantité, l'absence d'une partie, d'une qualité ou d'une particularité ne sont pas prises en considération lorsqu'elles sont sans importance.

Art. 33

1. The seller shall not have fulfilled his obligations to deliver the goods where he has handed over:

a) part only of the goods sold or a larger or a smaller quantity of the goods than he contracted to sell;

b) goods which are not those to which the contract relates or goods of a different kind;

c) goods which lack the qualities of a sample or model which the seller has handed over or sent to the buyer, unless the seller has submitted it without any express or implied undertaking that the goods would conform therewith;

d) goods which do not possess the qualities necessary for their ordinary or commercial use;

e) goods which do not possess the qualities for some particular purpose expressly or impliedly contemplated by the contract;

f) in general, goods which do not possess the qualities and characteristics expressly or impliedly contemplated by the contract.

2. No difference in quantity, lack of part of the goods or absence of any quality or characteristic shall be taken into consideration where it is not material.

Art. 34

Dans les cas prévus à l'article précédent, les droits reconnus à l'acheteur par la présente loi excluent tous autres moyens fondés sur un défaut de conformité de la chose.

Art. 34

In the cases to which Article 33 relates, the rights conferred on the buyer by the present Law exclude all other remedies based on lack of conformity of the goods.

Art. 52

1. Lorsque la chose est l'objet d'un droit ou d'une prétention d'un tiers et que l'acheteur n'avait pas accepté de la prendre dans ces conditions, l'acheteur doit, à moins que le vendeur ne connaisse déjà la situation, dénoncer à ce dernier le droit ou la prétention du tiers et lui demander d'y remédier dans un délai raisonnable ou de lui délivrer des choses nouvelles libres de tout droit.

2. Si le vendeur fait droit à cette demande, l'acheteur qui a subi un préjudice peut exiger les dommages-intérêts prévus à l'article 82.

3. Faute par le vendeur de faire droit à cette demande, l'acheteur peut, s'il en résulte une contravention essentielle au contrat, déclarer la résolution de celui-ci et demander les dommages-intérêts prévus aux articles 84 à 87. Si l'acheteur ne déclare pas la résolution ou s'il n'y a pas contravention essentielle au contrat, l'acheteur est en droit d'exiger les dommages-intérêts prévus à l'article 82.

4. L'acheteur est déchu du droit de déclarer la résolution du contrat s'il n'a pas adressé au vendeur la dénonciation prévue par l'alinéa 1 dans un délai raisonnable à partir du moment où il a constaté ou aurait dû constater le droit ou la prétention du tiers sur la chose.

Art. 52

1. Where the goods are subject to a right or claim of a third person, the buyer, unless he agreed to take the goods subject to such right or claim, shall notify the seller of such right or claim, unless the seller already knows thereof, and request that the goods should be freed therefrom within a reasonable time or that other goods free from all rights and claims of third persons be delivered to him by the seller.

2. If the seller complies with a request made under paragraph 1 of this Article and the buyer nevertheless suffers a loss, the buyer may claim damages in accordance with Article 82.

3. If the seller fails to comply with a request made under paragraph 1 of this Article and a fundamental breach of the contract results thereby, the buyer may declare the contract avoided and claim damages in accordance with Article 84 to 87. If the buyer does not declare the contract avoided or if there is no fundamental breach of the contract, the buyer shall have the right to claim damages in accordance with Article 82.

4. The buyer shall lose his right to declare the contract avoided if he fails to act in accordance with paragraph 1 of this Article within a reasonable time from the moment when he became aware or ought to have become aware of the right or claim of the third person in respect of the goods.

Art. 53

Les droits reconnus à l'acheteur par l'article précédent excluent tout autre

Art. 53

The rights conferred on the buyer by Article 52 exclude all other rememoyen fondé sur le fait que le vendeur a manqué à son obligation de transférer la propriété de la chose ou que celle-ci fait l'objet d'un droit ou d'une prétention d'un tiers.

dies based on the fact that the seller has failed to perform his obligation to transfer the property in the goods or that the goods are subject to a right or claim of a third person.

Art. 57

Lorsque la vente est conclue sans que le prix ait été déterminé par le contrat, directement ou par référence, l'acheteur est tenu de payer le prix habituellement pratiqué par le vendeur lors de la conclusion du contrat.

Art. 57

Where a contract has been concluded but does not state a price or make provision for the determination of the price, the buyer shall be bound to pay the price generally charged by the seller at the time of the conclusion of the contract.

Einheitliches Vertragsabschlußgesetz von 1964

Artt. 4, 5

Art. 4

1. La coummunication qu'une personne adresse à une ou plusieurs personnes déterminées en vue de la conclusion d'un contrat de vente ne constitue une offre que si elle est suffisamment précise pour permettre la conclusion du contrat par son acceptation, et qu'elle indique la volonté de son auteur de s'engager.

2. Cette communication s'interprète et se complète par les négociations préliminaires, les habitudes qui se sont établies entre les parties, les usages et toute règle applicable en matière de contrat de vente.

Art. 4

1. The communication which one person addresses to one or more specific persons with the object of concluding a contract of sale shall not constitute an offer unless it is sufficiently definite to permit the conclusion of the contract by acceptance and indicates the intention of the offeror to be bound.

2. This communication may be interpreted by reference to and supplemented by the preliminary negotiations, any pratices which the parties have established between themselves, usage and any applicable legal rules for contracts of sale.

Art. 5

1. L'offre ne lie son auteur qu'après être parvenue au destinataire; elle est caduque si le retrait en parvient avant ou en même temps que l'offre.

2. Après être parvenue au destinataire, elle est révocable, sauf si la révocation n'est pas faite de bonne foi ou comformément à la loyauté commerciale, ou si l'offre contenait un

Art. 5

1. The offer shall not bind the offeror until it has been communicated to the offeree; it shall lapse if its withdrawal is communicated to the offeree before or at the same time as the offer.

2. After an offer has been communicated to the offeree it can be revoked unless the revocation is not made in good faith or in conformity with fair dealing or unless the offer states a

délai d'acceptation ou indiquait qu'elle était ferme ou irrévocable.

3. L'indication que l'offre est ferme ou irrévocable peut être expresse ou résulter des circonstances, des négociations préliminaires, des habitudes qui se sont établies entre les parties ou des usages.

4. Une révocation de l'offre n'a d'effet que si elle parvient au destinataire avant que celui-ci ait expédié son acceptation ou accompli un acte qui lui est assimilé par l'article 6 alinéa 2.

fixed time for acceptance or otherwise indicates that it is firm or irrevocable.

3. An indication that the offer is firm or irrevocable may be express or implied from the circumstances, the preliminary negotiations, any practices which the parties have established between themselves or usage.

4. A revocation of an offer shall only have effect if it has been communicated to the offeree before he has despatched his acceptance or has done any act treated as acceptance under paragraph 2 of Article 6.

DÄNEMARK

Kaufgesetz vom 6. 4. 1906 Nr. 102
§ 23

Vertragsgesetz vom 8. 5. 1917 Nr. 342
§§ 28–34

Gesetz über Unmündigkeit und Vormundschaft vom 30. 6. 1922 Nr. 277
§§ 43, 44

Die zitierten dänischen Gesetzesbestimmungen stimmen mit den entsprechenden schwedischen Bestimmungen so weitgehend überein, daß auf diese verwiesen werden kann (siehe Schweden, unten S. 43 ff.).

DEUTSCHLAND

Bürgerliches Gesetzbuch von 1896

§§ 104, 105, 107–109, 116–124, 134, 138, 139, 142, 242, 306–308, 405, 463, 812, 815, 818, 819 (1), 826, 829

§ 104

Geschäftsunfähig ist:

1. wer nicht das siebente Lebensjahr vollendet hat;

2. wer sich in einem die freie Willensbestimmung ausschließenden Zustande krankhafter Störung der Geistestätigkeit befindet, sofern nicht der Zustand seiner Natur nach ein vorübergehender ist;

3. wer wegen Geisteskrankheit entmündigt ist.

§ 105

Die Willenserklärung eines Geschäftsunfähigen ist nichtig.

Nichtig ist auch eine Willenserklärung, die im Zustande der Bewußtlosigkeit oder vorübergehender Störung der Geistestätigkeit abgegeben wird.

§ 107

Der Minderjährige bedarf zu einer Willenserklärung, durch die er nicht lediglich einen rechtlichen Vorteil erlangt, der Einwilligung seines gesetzlichen Vertreters.

§ 108

Schließt der Minderjährige einen Vertrag ohne die erforderliche Einwilligung des gesetzlichen Vertreters, so hängt die Wirksamkeit des Vertrages von der Genehmigung des Vertreters ab.

Fordert der andere Teil den Vertreter zur Erklärung über die Genehmigung auf, so kann die Erklärung nur ihm gegenüber erfolgen; eine vor der Aufforderung dem Minderjährigen gegenüber erklärte Genehmigung oder Verweigerung der Genehmigung wird unwirksam. Die Genehmigung kann nur bis zum Ablaufe von zwei Wochen nach dem Empfange der Aufforderung erklärt werden, wird sie nicht erklärt, so gilt sie als verweigert.

Ist der Minderjährige unbeschränkt geschäftsfähig geworden, so tritt seine Genehmigung an die Stelle der Genehmigung des Vertreters.

§ 109

Bis zur Genehmigung des Vertrages ist der andere Teil zum Widerrufe berechtigt. Der Widerruf kann auch dem Minderjährigen gegenüber erklärt werden.

Hat der andere Teil die Minderjährigkeit gekannt, so kann er nur widerrufen, wenn der Minderjährige der Wahrheit zuwider die Einwilligung des Vertreters behauptet hat; er kann auch in diesem Falle nicht widerrufen, wenn ihm das Fehlen der Einwilligung bei dem Abschlusse des Vertrages bekannt war.

§ 116

Eine Willenserklärung ist nicht deshalb nichtig, weil sich der Erklärende insgeheim vorbehält, das Erklärte nicht zu wollen. Die Erklärung ist nichtig, wenn sie einem anderen gegenüber abzugeben ist und dieser den Vorbehalt kennt.

§ 117

Wird eine Willenserklärung, die einem anderen gegenüber abzugeben ist, mit dessen Einverständnis nur zum Schein abgegeben, so ist sie nichtig.

Wird durch ein Scheingeschäft ein anderes Rechtsgeschäft verdeckt, so finden die für das verdeckte Rechtsgeschäft geltenden Vorschriften Anwendung.

§ 118

Eine nicht ernstlich gemeinte Willenserklärung, die in der Erwartung abgegeben wird, der Mangel der Ernstlichkeit werde nicht verkannt werden, ist nichtig.

§ 119

Wer bei der Abgabe einer Willenserklärung über deren Inhalt im Irrtume war oder eine Erklärung dieses Inhalts überhaupt nicht abgeben wollte, kann die Erklärung anfechten, wenn anzunehmen ist, daß er sie bei Kenntnis der Sachlage und bei verständiger Würdigung des Falles nicht abgegeben haben würde.

Als Irrtum über den Inhalt der Erklärung gilt auch der Irrtum über solche Eigenschaften der Person oder der Sache, die im Vekehr als wesentlich angesehen werden.

§ 120

Eine Willenserklärung, welche durch die zur Übermittlung verwendete Person oder Anstalt unrichtig übermittelt worden ist, kann unter der gleichen Voraussetzung angefochten werden wie nach § 119 eine irrtümlich abgegebene Willenserklärung.

§ 121

Die Anfechtung muß in den Fällen der §§ 119, 120 ohne schuldhaftes Zögern (unverzüglich) erfolgen, nachdem der Anfechtungsberechtigte von dem Anfechtungsgrunde Kenntnis erlangt hat. Die einem Abwesenden gegenüber erfolgte Anfechtung gilt als rechtzeitig erfolgt, wenn die Anfechtungserklärung unverzüglich abgesendet worden ist.

Die Anfechtung ist ausgeschlossen, wenn seit der Abgabe der Willenserklärung dreißig Jahre verstrichen sind.

§ 122

Ist eine Willenserklärung nach § 118 nichtig oder auf Grund der §§ 119, 120 angefochten, so hat der Erklärende, wenn die Erklärung einem anderen gegenüber abzugeben war, diesem, andernfalls jedem Dritten den Schaden zu ersetzen, den der andere oder der Dritte dadurch erleidet, daß er auf die Gültigkeit der Erklärung vertraut, jedoch nicht über den Betrag des Interesses hinaus, welches der andere oder der Dritte an der Gültigkeit der Erklärung hat.

Die Schadensersatzpflicht tritt nicht ein, wenn der Beschäftigte den Grund der Nichtigkeit oder der Anfechtbarkeit kannte oder infolge von Fahrlässigkeit nicht kannte (kennen mußte).

§ 123

Wer zur Abgabe einer Willenserklärung durch arglistige Täuschung oder widerrechtlich durch Drohung bestimmt worden ist, kann die Erklärung anfechten.

Hat ein Dritter die Täuschung verübt, so ist eine Erklärung, die einem anderen gegenüber abzugeben war, nur dann anfechtbar, wenn dieser die Täuschung kannte oder kennen mußte. Soweit ein anderer als derjenige, welchem gegenüber die Erklärung abzugeben war, aus der Erklärung unmittelbar ein Recht erworben hat, ist die Erklärung ihm gegenüber anfechtbar, wenn er die Täuschung kannte oder kennen mußte.

§ 124

Die Anfechtung einer nach § 123 anfechtbaren Willenserklärung kann nur binnen Jahresfrist erfolgen.

Die Frist beginnt im Falle der arglistigen Täuschung mit dem Zeitpunkt, in welchem der Anfechtungsberechtigte die Täuschung entdeckt, im Falle der Drohung mit dem Zeitpunkt, in welchem die Zwangslage aufhört. Auf den Lauf der Frist finden die für die Verjährung geltenden Vorschriften des § 203 Abs. 2 und der §§ 206, 207 entsprechende Anwendung.

Die Anfechtung ist ausgeschlossen, wenn seit der Abgabe der Willenserklärung dreißig Jahre verstrichen sind.

§ 134

Ein Rechtsgeschäft, das gegen ein gesetzliches Verbot verstößt, ist nichtig, wenn sich nicht aus dem Gesetz ein anderes ergibt.

§ 138

Ein Rechtsgeschäft, das gegen die guten Sitten verstößt, ist nichtig.

Nichtig ist insbesondere ein Rechtsgeschäft, durch das jemand unter Ausbeutung der Notlage, des Leichtsinns oder der Unerfahrenheit eines anderen sich oder einem Dritten für eine Leistung Vermögensvorteile versprechen oder gewähren läßt, welche den Wert der Leistung dergestalt übersteigen, daß den Umständen nach die Vermögensvorteile in auffälligem Mißverhältnis zu der Leistung stehen.

§ 139

Ist ein Teil eines Rechtsgeschäfts nichtig, so ist das ganze Rechtsgeschäft nichtig, wenn nicht anzunehmen ist, daß es auch ohne den nichtigen Teil vorgenommen sein würde.

§ 142

Wird ein anfechtbares Rechtsgeschäft angefochten, so ist es als von Anfang an nichtig anzusehen.

Wer die Anfechtbarkeit kannte oder kennen mußte, wird, wenn die Anfechtung erfolgt, so behandelt, wie wenn er die Nichtigkeit des Rechtsgeschäfts gekannt hätte oder hätte kennen müssen.

§ 242

Der Schuldner ist verpflichtet, die Leistung so zu bewirken, wie Treu und Glauben mit Rücksicht auf die Verkehrssitte es erfordern.

§ 306

Ein auf eine unmögliche Leistung gerichteter Vertrag ist nichtig.

§ 307

Wer bei der Schließung eines Vertrags, der auf eine unmögliche Leistung gerichtet ist, die Unmöglichkeit der Leistung kennt oder kennen muß, ist zum Ersatze des Schadens verpflichtet, den der andere Teil dadurch erleidet, daß er auf die Gültigkeit des Vertrags vertraut, jedoch nicht über den Betrag des Interesses hinaus, welches der andere Teil an der Gültigkeit des Vertrags hat. Die Ersatzpflicht tritt nicht ein, wenn der andere Teil die Unmöglichkeit kennt oder kennen muß.

Diese Vorschriften finden entsprechende Anwendung, wenn die Leistung nur teilweise unmöglich und der Vertrag in Ansehung des möglichen Teiles gültig ist oder wenn eine von mehreren wahlweise versprochenen Leistungen unmöglich ist.

§ 308

Die Unmöglichkeit der Leistung steht der Gültigkeit des Vertrags nicht entgegen, wenn die Unmöglichkeit gehoben werden kann und der Vertrag für den Fall geschlossen ist, daß die Leistung möglich wird.

Wird eine unmögliche Leistung unter einer anderen aufschiebenden Bedingung oder unter Bestimmung eines Anfangstermins versprochen, so ist der Vertrag gültig, wenn die Unmöglichkeit vor dem Eintritte der Bedingung oder des Termins gehoben wird.

§ 405

Hat der Schuldner eine Urkunde über die Schuld ausgestellt, so kann er sich, wenn die Forderung unter Vorlegung der Urkunde abgetreten wird, dem neuen Gläubiger gegenüber nicht darauf berufen, daß die Eingehung oder Anerkennung des Schuldverhältnisses nur zum Schein erfolgt oder daß die Abtretung durch Vereinbarung mit dem ursprünglichen Gläubiger ausgeschlossen sei, es sei denn, daß der neue Gläubiger bei der Abtretung den Sachverhalt kannte oder kennen mußte.

§ 463

Fehlt der verkauften Sache zur Zeit des Kaufes eine zugesicherte Eigenschaft, so kann der Käufer statt der Wandelung oder der Minderung Schadensersatz wegen Nichterfüllung verlangen. Das gleiche gilt, wenn der Verkäufer einen Fehler arglistig verschwiegen hat.

§ 812

Wer durch die Leistung eines anderen oder in sonstiger Weise auf dessen Kosten etwas ohne rechtlichen Grund erlangt, ist ihm zur Herausgabe verpflichtet. Diese Verpflichtung besteht auch dann, wenn der rechtliche Grund später wegfällt oder der mit einer Leistung nach dem Inhalte des Rechtsgeschäfts bezweckte Erfolg nicht eintritt.

Als Leistung gilt auch die durch Vertrag erfolgte Anerkennung des Bestehens oder des Nichtbestehens eines Schuldverhältnisses.

§ 815

Die Rückforderung wegen Nichteintrittes des mit einer Leistung bezweckten Erfolges ist ausgeschlossen, wenn der Eintritt des Erfolges von Anfang an unmöglich war und der Leistende dies gewußt hat oder wenn der Leistende den Eintritt des Erfolges wider Treu und Glauben verhindert hat.

§ 818

Die Verpflichtung zur Herausgabe erstreckt sich auf die gezogenen Nutzungen sowie auf dasjenige, was der Empfänger auf Grund eines erlangten Rechtes oder als Ersatz für die Zerstörung, Beschädigung oder Entziehung des erlangten Gegenstandes erwirbt.

Ist die Herausgabe wegen der Beschaffenheit des Erlangten nicht möglich oder ist der Empfänger aus einem anderen Grunde zur Herausgabe außerstande, so hat er den Wert zu ersetzen.

Die Verpflichtung zur Herausgabe oder zum Ersatze des Wertes ist ausgeschlossen, soweit der Empfänger nicht mehr bereichert ist.

Von dem Eintritte der Rechtshängigkeit an haftet der Empfänger nach den allgemeinen Vorschriften.

§ 819

Kennt der Empfänger den Mangel des rechtlichen Grundes bei dem Empfang oder erfährt er ihn später, so ist er von dem Empfang oder der Erlangung der Kenntnis an zur Herausgabe verpflichtet, wie wenn der Anspruch auf Herausgabe zu dieser Zeit rechtshängig geworden wäre.

...

§ 826

Wer in einer gegen die guten Sitten verstoßenden Weise einem anderen vorsätzlich Schaden zufügt, ist dem anderen zum Ersatze des Schadens verpflichtet.

§ 829

Wer in einem der in den §§ 823 bis 826 bezeichneten Fälle für einen von ihm verursachten Schaden auf Grund der §§ 827, 828 nicht verantwortlich ist, hat gleichwohl, sofern der Ersatz des Schadens nicht von einem aufsichtspflichtigen Dritten erlangt werden kann, den Schaden insoweit zu ersetzen, als die Billigkeit nach den Umständen, insbesondere nach den Verhältnissen der Beteiligten, eine Schadloshaltung erfordert und ihm nicht die Mittel entzogen werden, deren er zum angemessenen Unterhalte sowie zur Erfüllung seiner gesetzlichen Unterhaltspflicht bedarf.

ENGLAND

The Infants Relief Act, 1874

Ss. 1, 2

Section 1

All contracts, whether by specialty or by simple contract, henceforth entered into by infants for the repayment of money lent or to be lent, or for goods supplied or to be supplied (other than contracts for necessaries), and all accounts stated with infants, shall be absolutely void: Provided always, that this enactment shall not invalidate any contract into which an infant may, by any existing or future statute, or by the rules of common law or equity, enter, except such as now by law are voidable.

Section 2

No action shall be brought whereby to charge any person upon any promise made after full age to pay any debt contracted during infancy, or upon any ratification made after full age of any promise or contract made during infancy, whether there shall or shall not be any new consideration for such promise or ratification after full age.

The Sale of Goods Act, 1893

Ss. 2, 5, 6

Section 2

Capacity to buy and sell is regulated by the general law concerning capacity to contract, and to transfer and acquire property:

Provided that where necessaries are sold and delivered to an infant, or minor, or to a peron, who by reason of mental incapacity or drunkenness is incompetent to contract, he must pay a reasonable price therefor.

Necessaries in this section mean goods suitable to the condition in life of such infant or minor or other person, and to his actual requirements at the time of the sale and delivery.

Section 5

(1) The goods which form the subject of a contract of sale may be either existing goods, owned or possessed by the seller, or goods to be manufactured or acquired by the seller after the making of the contract of sale, in this Act called „future goods".

(2) There may be a contract for the sale of goods, the acquisition of which by the seller depends upon a contingency which may or may not happen.

(3) Where by a contract of sale the seller purports to effect a present sale of future goods, the contract operates as an agreement to sell the goods.

Section 6

Where there is a contract for the sale of specific goods, and the goods without the knowledge of the seller have perished at the time when the contract is made, the contract is void.

The Limitation Act, 1939

Ss. 1, 2 (1) (a), 22, 26

Section 1

The provisions of this Part of this Act shall have effect subject to the provisions of Part II of this Act which provide for the extension of the periods of limitation in the case of disability, acknowledgment, part payment, fraud and mistake.

Section 2 (1) (a)

(1) The following actions shall not be brought after the expiration of six years from the date on which the cause of action accrued, that is to say: –

(a) actions founded on simple contract or on tort;

. . .

Section 22

If on the date when any right of action accrued for which a period of limitation is prescribed by this Act, the person to whom it accrued was under a disability, the action may be brought at any time before the expiration of six years, or in the case of actions to which the last foregoing section applies, one year from the date when the person ceased to be under a disability or died, whichever event first occured, notwithstanding that the period of limitation has expired:

Provided that – . . .

Section 26

– Where, in the case of any action for which a period of limitation is prescribed by this Act, either –

(a) the action is based upon the fraud of the defendant or his agent or any person through whom he claims or his agent, or

(b) the right of action is concealed by the fraud of any such person as aforesaid, or

(c) the action is for relief from the consequences of a mistake,

the period of limitation shall not begin to run until the plaintiff has discovered the fraud or the mistake, as the case may be, or could with reasonable diligence have discovered it:

Provided that nothing in this section shall enable any action to be brought to recover, or enforce any charge against, or set aside any transaction affecting, any property which –

(i) in the case of fraud, has been purchased for valuable consideration by a person who was not a party to the fraud and did not at the time of the purchase know or have reason to believe that any fraud had been committed, or

(ii) in the case of mistake, has been purchased for valuable consideration, subsequently to the transaction in which the mistake was made, by a person who did not know or have reason to believe that the mistake had been made.

FRANKREICH

Code civil von 1804

Artt. 6, 484, 502, 503, 1108–1114, 1116–1118, 1124, 1125, 1128–1133, 1219, 1230, 1304, 1307, 1311–1313, 1321, 1338, 1598, 1599, 1601, 1674

Art. 6

On ne peut déroger, par des conventions particulières, aux lois qui intéressent l'ordre public et les bonnes moeurs.

Art. 484

Il ne pourra non plus vendre ni aliéner ses immeubles, ni faire aucun acte autre que ceux de pure administration, sans observer les formes prescrites au mineur non émancipé.

A l'égard des obligations qu'il aurait contractées par voie d'achats ou autrement, elles seront réductibles en cas d'excès: les tribunaux prendront, à ce sujet, en considération la fortune du mineur, la bonne ou mauvaise foi des personnes qui auront contracté avec lui, l'utilité ou l'inutilité des dépenses.

Art. 502

L'interdiction ou la nomination d'un conseil aura son effet du jour du jugement. Tous actes passés postérieurement par l'interdit, ou sans l'assistance du conseil, seront nuls de droit.

Art. 503

Les actes antérieurs à l'interdiction pourront être annulés, si la cause de l'interdiction existait notoirement à l'époque où ces actes ont été faits.

Art. 1108

Quatre conditions sont essentielles pour la validité d'une convention:

Le consentement de la partie qui s'oblige;

Sa capacité de contracter;

Un objet certain qui forme la matière de l'engagement;

Une cause licite dans l'obligation.

Art. 1109

Il n'y a point de consentement valable, si le consentement n'a été donné que par erreur, ou s'il a été extorqué par violence ou surpris par dol.

Art. 1110

L'erreur n'est une cause de nullité de la convention que lorsqu'elle tombe sur la substance même de la chose qui en est l'objet.

Elle n'est point une cause de nullité, lorsqu'elle ne tombe que sur la personne avec laquelle on a intention de contracter, à moins que la considération de cette personne ne soit la cause principale de la convention.

Art. 1111

La violence exercée contre celui qui a contracté l'obligation, est une cause de nullité, encore qu'elle ait été exercée par un tiers autre que celui au profit duquel la convention a été faite.

Art. 1112

Il y a violence, lorsqu'elle est de nature à faire impression sur une personne raisonnable, et qu'elle peut lui inspirer la crainte d'exposer sa personne ou sa fortune à un mal considérable et présent.

On a égard, en cette matière, à l'âge, au sexe et à la condition des personnes.

Art. 1113

La violence est une cause de nullité du contrat, non seulement lorsqu'elle a été exercée sur la partie contractante, mais encore lorsqu'elle l'a été sur son époux ou sur son épouse, sur ses descendants ou ses ascendants.

Art. 1114

La seule crainte révérencielle envers le père, la mère, ou autre ascendant, sans qu'il ait eu de violence exercée, ne suffit point pour annuler le contrat.

Art. 1116

Le dol est une cause de nullité de la convention lorsque les manoeuvres pratiquées par l'une des parties sont telles, qu'il est évident que, sans ces manoeuvres, l'autre partie n'aurait pas contracté.

Il ne se présume pas, et doit être prouvé.

Art. 1117

La convention contractée par erreur, violence ou dol, n'est point nulle de plein droit; elle donne seulement lieu à une action en nullité ou en rescision, dans les cas et de la manière expliqués à la section VII du chapitre V du présent titre.

Art. 1118

La lésion ne vicie les conventions que dans certains contrats ou à l'égard de certaines personnes, ainsi qu'il sera expliqué en la même section.

Art. 1124

Les incapables de contracter sont:

Les mineurs,

Les interdits, dans les cas exprimés par la loi, et généralement tous ceux à qui la loi a interdit certains contrats.

Art. 1125

Le mineur et l'interdit ne peuvent attaquer pour cause d'incapacité leurs engagements que dans les cas prévus par la loi.

Les personnes capables de s'engager ne peuvent opposer l'incapacité du mineur ou de l'interdit avec qui elles ont contracté.

Art. 1128

Il n'y a que les choses qui sont dans le commerce qui puissent être l'objet des conventions.

Art. 1129

Il faut que l'obligation ait pour objet une chose au moins déterminée quant à son espèce.

La quotité de la chose peut être incertaine, pourvu qu'elle puisse être déterminée.

Art. 1130

Les choses futures peuvent être l'objet d'une obligation.

On ne peut cependant renoncer à une succession non ouverte, ni faire aucune stipulation sur une pareille succession, même avec le consentement de celui de la succession duquel il s'agit.

Art. 1131

L'obligation sans cause, ou sur une fausse cause, ou sur une cause illicite, ne peut avoir aucun effet.

Art. 1132

La convention n'est pas moins valable, quoique la cause n'en soit pas exprimée.

Art. 1133

La cause est illicite, quand elle est prohibée par la loi, quand elle est contraire aux bonnes moeurs ou à l'ordre public.

Art. 1219

La solidarité stipulée ne donne point à l'obligation le caractère d'indivisibilité.

Art. 1230

Soit que l'obligation primitive contienne, soit qu'elle ne contienne pas un terme dans lequel elle doive être accomplie, la peine n'est encourue que lorsque celui qui s'est obligé soit à livrer, soit à prendre, soit à faire, est en demeure.

Art. 1304

Dans tous les cas où l'action en nullité ou en rescision d'une convention n'est pas limitée à un moindre temps par une loi particulière, cette action dure dix ans.

Ce temps ne court dans le cas de violence, que du jour où elle a cessé; dans le cas d'erreur ou de dol, du jour où ils ont été découverts.

Le temps ne court, à l'égard des actes faits par les interdits, que du jour où l'interdiction est levée; et à l'égard de ceux faits par les mineurs, que du jour de la majorité.

Art. 1307

La simple déclaration de majorité, faite par le mineur, ne fait point obstacle à sa restitution.

Art. 1311

Il n'est plus recevable à revenir contre l'engagement qu'il avait souscrit en minorité, lorsqu'il l'a ratifié en majorité, soit que cet engagement fût nul en sa forme, soit qu'il fût seulement sujet à restitution.

Art. 1312

Lorsque les mineurs ou les interdits sont admis, en ces qualités, à se faire restituer contre leurs engagements, le remboursement de ce qui aurait été, en conséquence de ces engagements, payé pendant la minorité ou l'interdiction, ne peut en être exigé, à moins qu'il ne soit prouvé que ce qui a été payé a tourné à leur profit.

Art. 1313

Les majeurs ne sont restitués pour cause de lésion que dans les cas et sous les conditions spécialement exprimés dans le présent Code.

Art. 1321

Les contre-lettres ne peuvent avoir leur effet qu'entre les parties contractantes; elles n'ont point d'effet contre les tiers.

Art. 1338

L'acte de confirmation ou ratification d'une obligation contre laquelle la loi admet l'action en nullité ou en rescision, n'est valable que lorsqu'on y trouve la substance de cette obligation, la mention du motif de l'action en rescision, et l'intention de réparer le vice sur lequel cette action est fondée.

A défaut d'acte de confirmation ou ratification, il suffit que l'obligation soit exécutée volontairement après l'époque à laquelle l'obligation pouvait être valablement confirmée ou ratifiée.

La confirmation, ratification, ou exécution volontaire dans les formes et à l'époque déterminées par la loi, emporte la renonciation aux moyens et exceptions que l'on pouvait opposer contre cet acte, sans préjudice néanmoins du droit des tiers.

Art. 1598

Tout ce qui est dans le commerce, peut être vendu, lorsque des lois particulières n'en ont pas prohibé l'aliénation.

Art. 1599

La vente de la chose d'autrui est nulle: elle peut donner lieu à des dommages-intérêts lorsque l'acheteur a ignoré que la chose fût à autrui.

Art. 1601

Si au moment de la vente la chose vendue était périe en totalité, la vente serait nulle.

Si une partie seulement de la chose est périe, il est au choix de l'acquéreur d'abandonner la vente, ou de demander la partie conservée, en faisant déterminer le prix par la ventilation.

Art. 1674

Si le vendeur a été lésé de plus de sept douzièmes dans le prix d'un immeuble, il a le droit de demander la rescision de la vente, quand même il aurait expressément renoncé dans le contrat à la faculté de demander cette rescision, et qu'il aurait déclaré donner la plus-value.

Avant-projet de Code civil

Livre I Artt. 614–618, 728, 736, 737, 746; Livre IV Artt. 6, 8–11, 13–18, 35–38, 40, 41, 43, 52–56, 61–70, 72

Livre I

Art. 614

Le mineur non émancipé a nécessairement un représentant légal pour tous les actes de sa vie civile.

Art. 615

Lorsque le mineur a dépassé l'âge de seize ans, les actions intéressant son état doivent être engagés personnellement contre lui.

Il peut également engager personnellement les actions de même nature.

Dans les deux cas, il sera assisté de son représentant légal.

Art. 616

A partir de l'âge de seize ans, le mineur conclut son contrat de travail et le rompt avec l'assistance de son représentant légal.

A partir de l'âge de dix-huit ans, il peut conclure et rompre seul ce contrat. A partir du même âge, il dispose librement des produits de son travail sauf à contribuer à son propre entretien.

Art. 617

Les actes patrimoniaux accomplis par le mineur seul, alors qu'ils auraient dû l'être par son représentant légal ou avec l'assistance de celui-ci, sans autre formalité, ne sont rescindables que s'ils entraînent une lésion ne résultant pas d'un événement casuel et imprévu.

Ils sont toujours annulables si l'une des formalités légales n'a pas été observée.

Art. 618

La nullité des actes accomplis irrégulièrement par le mineur ou son représentant légal est une nullité relative qui est soumise aux dispositions contenues dans les articles (47 à 70) du présent code (1).

Le mineur qui a atteint l'âge de 18 ans peut exercer lui-même l'action en nullité.

Art. 728

Les actes d'un individu qui n'est ni interné ni interdit ne peuvent être annulés pour cause de démence que s'il est démontré qu'ils ont été accomplis en état d'insanité d'esprit.

Du vivant de l'auteur de l'acte, la nullité peut être demandée par cet auteur, son conjoint, ses ascendants et descendants, ou, s'il n'existe pas de parents plus proches, par ses frères et soeurs. La confirmation de l'acte annulable ne peut émaner que de son auteur.

Après le décès de l'auteur de l'acte, la preuve de l'insanité d'esprit ne peut être apportée par ses ayants droit que si la démence résulte de l'acte même qui est attaqué, si une procédure d'interdiction était en cours au moment de décès ou si l'auteur de l'acte a fait l'objet d'une mesure d'internement dans les trois ans qui ont précédé ou suivi l'acte considéré. Cette disposition ne s'applique pas si l'acte dont il s'agit est une donation ou un testament.

Art. 736

L'interdiction produit effet à compter du jour du jugement. Tous actes passés postérieurement par l'interdit sont nuls de nullité relative, sans que le tribunal ait à apprécier s'ils ont été ou non accomplis en état d'insanité d'esprit.

Art. 737

Les actes antérieurs à l'interdiction peuvent être annulés, si la cause de l'interdiction existait notoirement à l'époque où ils ont été faits.

Art. 746

Le majeur en curatelle peut faire, sans l'assistance du curateur, les actes qu'un tuteur peut faire seul, à l'exception de la réception et de l'emploi des capitaux.

Tous autres actes à caractère patrimonial ne peuvent être accomplis qu'avec l'assistance du curateur, à peine de nullité relative, demandée par le majeur en curatelle ou par le curateur.

En cas de refus d'autorisation de la part du curateur, un recours est possible devant le tribunal statuant en chambre du conseil.

Livre IV

Art. 6

La simulation ne porte pas atteinte par elle-même à la validité de l'acte réellement voulu.

Art. 8

Pour que l'erreur vicie la volonté il faut:

Qu'elle ait été déterminante;

Qu'elle ait porté sur une considération essentielle, eu égard aux conditions dans lesquelles l'acte est intervenu;

Qu'elle ne soit pas inexcusable.

Art. 9

Les dispositions de l'article précédent s'appliquent à l'erreur de droit comme à l'erreur de fait.

Art. 10

L'erreur matérielle commise dans l'expression de la volonté ou dans sa transmission ne peut donner lieu à rectification que dans la mesure où l'acte n'a pas reçu son exécution ou dans le cas où cette exécution peut être interrompue sans qu'il en résulte un préjudice appréciable pour les personnes directement intéressées à l'acte.

Cependant, la rectification des erreurs matérielles doit être opérée lorsque ces erreurs résultent avec évidence du contexte ou des circonstances.

Art. 11

Lorsque l'erreur résulte d'une faute de son auteur, toute personne lésée par le vice de l'acte juridique peut demander réparation de ce dommage. Cette réparation peut consister dans le maintien de l'acte.

Art. 13

Le dol vicie la volonté lorsqu'elle a été déterminée par une manoeuvre pratiquée en vue de la surprendre.

Art. 14

La violence vicie la volonté lorsqu'elle a été déterminée soit par un mal ou un dommage considérable causé à l'auteur de l'acte ou à autrui, soit par la crainte d'un tel mal ou d'un tel dommage.

Art. 15

L'exercice normal d'un droit ou la menace de cet exercice ne vicie pas la volonté.

Il en est de même de la simple crainte révérencielle.

Art. 16

La volonté est viciée quel que soit l'auteur du dol ou de la violence.

Art. 17

L'auteur du dol ou de la violence peut être condamné à réparer le préjudice qu'il a causé par sa faute, soit que la nullité de l'acte n'assure pas une réparation suffisante, soit que la victime du dol ou de la violence ne demande pas la nullité, soit que le dol ou la violence ne constitue pas un vice de la volonté.

Art. 18

Si une personne a été déterminée par l'état de nécessité ou par l'exploitation de sa gêne ou de son inexpérience à passer un acte juridique entrainant pour elle un préjudice manifestement anormal au moment de cet acte, elle peut en demander la rescision pour lésion.

Art. 35

L'acte juridique ne peut avoir un objet prohibé par une disposition légale impérative ou contraire à l'ordre public, notamment aux bonnes moeurs.

Art. 36

Lorsque les effets recherchés par l'auteur ou les auteurs de l'acte sont déjà réalisés ou sont d'une réalisation impossible, l'acte est sans objet.

L'impossibilité qui n'est pas relative ne fait pas obstacle à la validité de l'acte.

Art. 37

L'acte est également sans objet si les effets juridiques recherchés sont indéterminés ou indéterminables.

Lorsqu'une prestation a été promise, elle doit être déterminée ou déterminable, au moins quant à son espèce et à sa quotité.

Art. 38

Les effets juridiques recherchés peuvent valablement se rapporter à un droit futur ou à une situation future.

Art. 40

L'acte juridique sans cause ne peut avoir aucun effet.

L'acte n'est pas moins valable quoique la cause n'en soit pas exprimée.

La charge d'établir l'absence ou la fausseté de la cause pèse sur celui qui s'en prévaut.

Art. 41

L'erreur sur la cause emporte la nullité de l'acte.

Art. 43

L'acte n'est pas valable lorsque la volonté de son auteur ou d'un de ses auteurs a été déterminée par un motif contraire à une disposition légale impérative ou à l'ordre public.

Le caractère impulsif ou déterminant du motif doit résulter de la nature et du contenu de l'acte ou des circonstances dans lesquelles celui-ci a été formé. Dans les actes plurilatéraux à titre onéreux ce caractère ne peut être retenu que si les parties le connaissaient ou devaient normalement le connaître.

Art. 52

Est relative la nullité résultant de l'absence ou d'un vice de la volonté, de l'erreur sur la cause ou sur l'objet, de la lésion ou d'une incapacité de protection et d'une manière générale de la violation d'une condition édictée dans un intérêt particulier.

Art. 53

A défaut de réglementation légale particulière la nullité absolue et la nullité relative sont soumises aux règles édictées par les articles suivants.

Art. 54

La nullité absolue peut être invoquée par tout intéressé. En outre, s'il s'agit d'une nullité d'ordre public, elle peut être invoquée par le ministère public ou soulevée d'office par le juge.

La nullité relative ne peut être invoquée que par la personne dans l'intérêt de laquelle cette nullité a été établie par la loi.

Art. 55

L'acte entaché de nullité relative peut être confirmé par celui qui pouvait en demander l'annulation s'il agit après la cessation du vice et en connaissance de cause.

Art. 56

La confirmation peut être tacite: elle résulte notamment de l'exécution volontaire de l'acte par la personne qui pouvait en demander l'annulation.

Art. 61

Sauf dans le cas visé à l'article 56, tout intéressé peut, en mentionnant la cause exacte de nullité, mettre en demeure celui qui a qualité pour demander l'annulation de l'acte ou le confirmer, d'opter dans un délai qui ne peut être inférieur à trois mois, sans qu'il puisse en résulter une prolongation du délai de prescription prévu à l'article 62. Le défaut d'option dans le délai susvisé vaut confirmation.

Art. 62

L'action en nullité absolue se prescrit par trente ans.

L'action en nullité relative se prescrit par deux ans, sauf en cas d'incapacité où elle se prescrit par cinq ans.

Art. 63

Le délai de la prescription de l'action en nullité court du jour de la formation de l'acte.

Art. 64

Il ne court cependant, dans les cas d'incapacité ou de violence, que du jour où celles-ci ont cessé, dans les cas d'erreur ou de dol, que du jour où ils ont été découverts.

L'action en nullité relative ne peut en aucun cas être intentée plus de trente ans après la formation de l'acte.

Art. 65

L'exception de nullité ne se prescrit pas.

Art. 66

Lorsqu'un acte n'est vicié que dans certaines de ses clauses, les autres clauses demeurent valables à moins qu'il soit établi que l'acte tout entier n'aurait pas été stipulé sans elles.

Art. 67

La nullité de l'engagement de l'un des auteurs d'un acte entraîne celle de l'acte tout entier si cet engagement a été déterminant de la volonté des autres auteurs.

Art. 68

L'acte nul est réputé n'avoir jamais existé.

Dans la mesure où il a été exécuté, les choses doivent être remises en état.

Art. 69

La restitution n'est pas due par les bénéficiaires d'une incapacité de protection, à moins qu'il ne soit prouvé que ce qui a été exécuté a tourné à leur profit.

Art. 70

Au cas de lésion, la nullité peut être évitée en faisant disparaître la lésion par une prestation supplémentaire au profit de la partie lésée.

Art. 72

Lorsque la nullité est imputable à la faute de l'un des auteurs de l'acte, cet auteur est délictuellement responsable du dommage causé par la nullité à celui qui l'ignorait. Le juge peut, à titre d'indemnité, contraindre à exécuter les prestations prévues à l'acte.

Toutefois, la simple déclaration de capacité ne constitue pas la faute visée à l'alinéa précédent.

Gesetz vom 8. 7. 1907 i. d. F. des Gesetzes vom 10. 3. 1937

Art. 1

La lésion du plus du quart dans l'achat des engrais ou amendements qui font l'objet de la loi du 4 février 1888, des semences et plants destinés à l'agriculture, et des substances destinées à l'alimentation des animaux de la ferme, donne à l'acheteur une action en réduction de prix et dommages-intérêts.

Gesetz Nr. 556 vom 14. 10. 1943

Artt. 1–3

Art. 1

Est limitée à dix ans la durée maxima de validité de toute clause d'exclusivité par laquelle l'acheteur, cessionnaire ou locataire de biens meubles s'engage vis-à-vis son vendeur, cédant ou bailleur (1), à ne pas faire usage d'objets semblables ou complémentaires en provenance d'un autre fournisseur.

Art. 2

Lorsque le contrat dans lequel cette clause est insérée est suivi ultérieurement, entre les mêmes parties, d'autres engagements analogues portant sur le même genre de biens, les clauses d'exclusivité contenues dans ces nouvelles conventions prendront fin à la même date que celle figurant au premier contrat.

Art. 3

La durée de validité de la clause d'exclusivité insérée dans les contrats actuellement en cours d'exécution est limitée à dix ans à partir de la date de publication de la présente loi. Si, dans cet intervalle interviennent entre les mêmes parties des contrats analogues portant sur le même genre de biens, les clauses d'exclusivité contenues dans ces nouveaux contrats prendront fin en même temps que la clause d'exclusivité figurant au contrat initial.

ITALIEN

Codice civile von 1942

Artt. 428, 1325, 1338, 1343–1349, 1414–1416, 1418–1420, 1425–1444, 1446–1452, 1472, 1478, 1479, 1567–1569, 2596

Art. 428

Gli atti compiuti da persona che, sebbene non interdetta, si provi essere stata per qualsiasi causa, anche transitoria, incapace d'intendere o di volere al momento in cui gli atti sono stati compiuti, possono essere annullati su istanza della persona medesima o dei suoi eredi o aventi causa, se ne risulta un grave pregiudizio all'autore.

L'annullamento dei contratti non può essere pronunziato se non quando, per il pregiudizio che sia derivato o possa derivare alla persona incapace d'intendere o di volere o per la qualità del contratto o altrimenti, risulta la malafede dell'altro contraente.

L'azione si prescrive nel termine di cinque anni dal giorno in cui l'atto o il contratto è stato compiuto.

Resta salva ogni diversa disposizione di legge.

Art. 1325

I requisiti del contratto sono:

1. l'accordo delle parti;
2. la causa;
3. l'oggetto;
4. la forma, quando risulta che è prescritta dalla legge sotto pena di nullità.

Art. 1338

La parte che, conoscendo o dovendo conoscere l'esistenza di una causa d'invalidità del contratto, non ne ha dato notizia all'altra parte è tenuta a risarcire il danno da questa risentito per avere confidato, senza sua colpa, nella validità del contratto.

Art. 1343

La causa è illecita quando è contraria a norme imperative, all'ordine pubblico o al buon costume.

Art. 1344

Si reputa altresì illecita la causa quando il contratto costituisce il mezzo per eludere l'applicazione di una norma imperativa.

Art. 1345

Il contratto è illecito quando le parti si sono determinate a concluderlo esclusivamente per un motivo illecito comune ad entrambe.

Art. 1346

L'oggetto del contratto deve essere possibile, lecito, determinato e determinabile.

Art. 1347

Il contratto sottoposto a condizione sospensiva o a termine è valido, se la prestazione inizialmente impossibile diviene possibile prima dell'avveramento della condizione o della scadenza del termine.

Art. 1348

La prestazione di cose future può essere dedotta in contratto, salvi i particolari divieti della legge.

Art. 1349

Se la determinazione della prestazione dedotta in contratto è deferita a un terzo e non risulta che le parti vollero rimettersi al suo mero arbitrio, il terzo deve procedere con equo apprezzamento. Se manca la determinazione del terzo o se questa è manifestamente iniqua o erronea, la determinazione è fatta dal giudice.

La determinazione rimessa al mero arbitrio del terzo non si può impugnare se non provando la sua mala fede. Se manca la determinazione del terzo e le parti non si accordano per sostituirlo, il contratto è nullo.

Nel determinare la prestazione il terzo deve tener conto anche delle condizioni generali della produzione a cui il contratto eventualmente abbia riferimento.

Art. 1414

Il contratto simulato non produce effetto tra le parti.

Se le parti hanno voluto concludere un contratto diverso da quello apparente, ha effetto tra esse il contratto dissimulato, purchè ne sussistano i requisiti di sostanza e di forma.

Le precedenti disposizioni si applicano anche agli atti unilaterali destinati a una persona determinata, che siano simulati per accordo tra il dichiarante e il destinatario.

Art. 1415

La simulazione non può essere opposta nè dalle parti contraenti, nè dagli aventi causa o dai creditori del simulato alienante, ai terzi che in buona fede hanno acquistato diritti dal titolare apparente, salvi gli effetti della trascrizione della domanda di simulazione.

I terzi possono far valere la simulazione in confronto delle parti, quando essa pregiudica i loro diritti.

Art. 1416

La simulazione non può essere opposta dai contraenti ai creditori del titolare apparente che in buona fede hanno compiuto atti di esecuzione sui beni che furono oggetto del contratto simulato.

I creditori del simulato alienante possono far valere la simulazione che pregiudica i loro diritti, e, nel conflitto con i creditori chirografari del simulato acquirente, sono preferiti a questi, se il loro credito è anteriore all'atto simulato.

Art. 1418

Il contratto è nullo quando è contrario a norme imperative, salvo che la legge disponga diversamente.

Producono nullità del contratto la mancanza di uno dei requisiti indicati dall'art. 1325, l'illiceità della causa, l'illiceità dei motivi nel caso indicato dall'art. 1345 e la mancanza nell'oggetto dei requisiti stabiliti dall'art. 1346.

Il contratto è altresì nullo negli altri casi stabiliti dalla legge.

Art. 1419

La nullità parziale di un contratto o la nullità di singole clausole importa la nullità dell'intero contratto, se risulta che i contraenti non lo avrebbero concluso senza quella parte del suo contenuto che è colpita dalla nullità.

La nullità di singole clausole non importa la nullità del contratto, quando le clausole nulle sono sostituite di diritto da norme imperative.

Art. 1420

Nei contratti con più di due parti, in cui le prestazioni di ciascuna sono dirette al conseguimento di uno scopo comune, la nullità che colpisce il vincolo di una sola delle parti non importa nullità del contratto, salvo che la partecipazione di essa debba, secondo le circostanze, considerarsi essenziale.

Art. 1425

Il contratto è annullabile se una delle parti era legalmente incapace di contrattare.

E'parimenti annullabile, quando ricorrono le condizioni stabilite dall'art. 428, il contratto stipulato da persona incapace d'intendere o di volere.

Art. 1426

Il contratto non è annullabile, se il minore ha con raggiri occultato la sua minore età, ma la semplice dichiarazione da lui fatta di essere maggiorenne non è di ostacolo all'impugnazione del contratto.

Art. 1427

Il contraente, il cui consenso fu dato per errore, estorto con violenza o carpito con dolo, può chiedere l'annullamento del contratto secondo le disposizioni seguenti.

Art. 1428

L'errore è causa di annullamento del contratto quando è essenziale ed è riconoscibile dall'altro contraente.

Art. 1429

L'errore è essenziale:

1) quando cade sulla natura o sull'oggetto del contratto;

2) quando cade sull'identità dell'oggetto della prestazione ovvero sopra una qualità dello stesso che, secondo il comune apprezzamento o in relazione alle circostanze, deve ritenersi determinante del consenso;

3) quando cade sull'identità o sulle qualità della persona dell'altro contraente, sempre che l'una o le altre siano state determinanti del consenso;

4) quando, trattandosi di errore di diritto, è stato la ragione unica o principale del contratto.

Art. 1430

L'errore di calcolo non dà luogo ad annullamento del contratto, ma solo a rettifica, tranne che, concretandosi in errore sulla quantità, sia stato determinante del consenso.

Art. 1431

L'errore si considera riconoscibile quando, in relazione al contenuto, alle circostanze del contratto ovvero alla qualità dei contraenti, una persona di normale diligenza avrebbe potuto rilevarlo.

Art. 1432

La parte in errore non può domandare l'annullamento del contratto se, prima che ad essa possa derivarne pregiudizio, l'altra offre di eseguirlo in modo conforme al contenuto e alle modalità del contratto che quella intendeva concludere.

Art. 1433

Le disposizioni degli articoli precedenti si applicano anche al caso in cui l'errore cade sulla dichiarazione, o in cui la dichiarazione è stata inesattamente trasmessa dalla persona o dall'ufficio che ne era stato incaricato.

Art. 1434

La violenza è causa di annullamento del contratto, anche se esercitata da un terzo.

Art. 1435

La violenza deve essere di tal natura da fare impressione sopra una persona sensata e da farle temere di esporre sè o i suoi beni a un male ingiusto e notevole. Si ha riguardo, in questa materia, all'età, al sesso e alla condizione delle persone.

Art. 1436

La violenza è causa di annullamento del contratto anche quando il male minacciato riguarda la persona o i beni del coniuge del contraente o di un discendente o ascendente di lui.

Se il male minacciato riguarda altre persone, l'annullamento del contratto è rimesso alla prudente valutazione delle circostanze da parte del giudice.

Art. 1437

Il solo timore riverenziale non è causa di annullamento del contratto.

Art. 1438

La minaccia di far valere un diritto può essere causa di annullamento del contratto solo quando è diretta a conseguire vantaggi ingiusti.

Art. 1439

Il dolo è causa di annullamento del contratto quando i raggiri usati da uno dei contraenti sono stati tali che, senza di essi, l'altra parte non avrebbe contrattato.

Quando i raggiri sono stati usati da un terzo, il contratto è annullabile se essi erano noti al contraento che ne ha tratto vantaggio.

Art. 1440

Se i raggiri non sono stati tali da determinare il consenso, il contratto è valido, benchè senza di essi sarebbe stato concluso a condizioni diverse; ma il contraente in mala fede risponde dei danni.

Art. 1441

L'annullamento del contratto può essere domandato solo dalla parte nel cui interesse è stabilito dalla legge.

L'incapacità del condannato in istato di interdizione legale può essere fatta valere da chiunque vi ha interesse.

Art. 1442

L'azione di annullamento si prescrive in cinque anni.

Quando l'annullabilità dipende da vizio del consenso o da incapacità legale, il termine decorre dal giorno in cui è cessata la violenza, è stato scoperto l'errore o il dolo, è cessato lo stato d'interdizione o d'inabilitazione, ovvero il minore ha raggiunto la maggiore età.

Negli altri casi il termine decorre dal giorno della conclusione del contratto.

L'annullabilità può essere opposta dalla parte convenuta per l'esecuzione del contratto, anche se è prescritta l'azione per farla valere.

Art. 1443

Se il contratto è annullato per incapacità di uno dei contraenti, questi non è tenuto a restituire all'altro la prestazione ricevuta se non nei limiti in cui è stata rivolta a suo vantaggio.

Art. 1444

Il contratto annullabile può essere convalidato dal contraente al quale spetta l'azione di annullamento, mediante un atto che contenga la menzione del contratto e del motivo di annullabilità, e la dichiarazione che s'intende convalidarlo.

Il contratto è pure convalidato, se il contraente al quale spettava l'azione di annullamento vi ha dato volontariamente esecuzione conoscendo il motivo di annullabilità.

La convalida non ha effetto, se chi l'esegue non è in condizioni di concludere validamente il contratto.

Art. 1446

Nei contratti indicati dall'art. 1420 l'annullabilità cha riguarda il vincolo di una sola delle parti non importa annullamento del contratto, salvo che la partecipazione di questa debba, secondo le circostanze, considerarsi essenziale.

Art. 1447

Il contratto con cui una parte ha assunto obbligazioni a condizioni inique, per la necessità, nota alla controparte, di salvare sè o altri dal pericolo attuale di un danno grave alla persona, può essere rescisso sulla domanda della parte che si è obbligata.

Il giudice nel pronunciare la rescissione, può, secondo le circostanze, assegnare un equo compenso all'altra parte per l'opera prestata.

Art. 1448

Se vi è sproporzione tra la prestazione di una parte e quella dell'altra, e la sproporzione è dipesa dallo stato di bisogno di una parte, del quale l'altra ha approfittato per trarne vantaggio, la parte danneggiata può domandare la rescissione del contratto.

L'azione non è ammissibile se la lesione non eccede la metà del valore che la prestazione eseguita o promessa dalla parte danneggiata aveva al tempo del contratto.

La lesione deve perdurare fino al tempo in cui la domanda è proposta.

Non possono essere rescissi per causa di lesione i contratti aleatori.

Sono salve le disposizioni relative alla rescissione della divisione.

Art. 1449

L'azione di rescissione si prescrive in un anno dalla conclusione del contratto; ma se il fatto costituisce reato, si applica l'ultimo comma dell'art. 2947.

La rescindibilità del contratto non può essere opposta in via di eccezione quando l'azione è prescritta.

Art. 1450

Il contraente contro il quale è domandata la rescissione può evitarla offrendo una modificazione del contratto sufficiente per ricondurlo ad equità.

Art. 1451

Il contratto rescindibile non può essere convalidato.

Art. 1452

La rescissione del contratto non pregiudica i diritti acquistati dai terzi, salvi gli effetti della trascrizione della domanda d rescissione.

Art. 1472

Nella vendita che ha per oggetto una cosa futura, l'acquisto della proprietà si verifica non appena la cosa viene ad esistenza. Se oggetto della vendita sono gli alberi o i frutti di un fondo, la proprietà si acquista quando gli alberi sono tagliati o i frutti sono separati.

Qualora le parti non abbiano voluto concludere un contratto aleatorio, la vendita è nulla, se la cosa non viene ad esistenza.

Art. 1478

Se al momento del contratto la cosa venduta non era di proprietà del venditore, questi è obbligato a procurarne l'acquisto al compratore.

Il compratore diventa proprietario nel momento in cui il venditore acquista la proprietà dal titolare di essa.

Art. 1479

Il compratore può chiedere la risoluzione del contratto, se, quando l'ha concluso, ignorava che la cosa non era di proprietà del venditore, e se frattanto il venditore non gliene ha fatto acquistare la proprietà.

Salvo il disposto dell'art. 1223, il venditore è tenuto a restituire all'acquirente il prezzo pagato, anche se la cosa è diminuita di valore o è deteriorata; deve inoltre rimborsargli le spese e i pagamenti legittimamente fatti per il contratto. Se la diminuzione di valore o il deterioramento derivano da un fatto del compratore, dall'ammontare suddetto si deve detrarre l'utile che il compratore ne ha ricavato.

Il venditore è inoltre tenuto a rimborsare al compratore le spese necessarie e utili fatte per la cosa, e, se era in mala fede, anche quelle voluttuarie.

Art. 1567

Se nel contratto è pattuita la clausola di esclusiva a favore del somministrante, l'altra parte non può ricevere da terzi prestazioni della stessa natura, nè, salvo patto contrario, può provvedere con mezzi propri alla produzione delle cose che formano oggetto del contratto.

Art. 1568

Se la clausola di esclusiva è pattuita a favore dell'avente diritto alla somministrazione, il somministrante non può compiere nella zona per cui l'esclusiva è concessa e per la durata del contratto, nè direttamente nè indirettamente, prestazioni della stessa natura di quelle che formano oggetto del contratto.

L'avente diritto alla somministrazione, che assume l'obbligo di promuovere, nella zona assegnatagli, la vendita delle cose di cui ha l'esclusiva, risponde dei danni in caso di inadempimento a tale obbligo, anche se ha eseguito il contratto rispetto al quantitativo minimo che sia stato fissato.

Art. 1569

Se la durata della somministrazione non è stabilita, ciascuna delle parti può recedere dal contratto, dando preavviso nel termine pattuito o in quello stabilito dagli usi o, in mancanza, in un termine congruo avuto riguardo alla natura della somministrazione.

Art. 2596

Il patto che limita la concorrenza deve essere provato per iscritto. Esso è valido se circoscritto ad una determinata zona o ad una determinata attività, e non può eccedere la durata di cinque anni.

Se la durata del patto non è determinata o è stabilita per un periodo superiore a cinque anni, il patto è valido per la durata di un quinquennio.

Disposizioni preliminari

Art. 31

Nonostante le disposizioni degli articoli precedenti, in nessun caso le leggi e gli atti di uno Stato estero, gli ordinamenti e gli atti di qualunque istituzione o ente, o le private disposizioni e convenzioni possono avere effetto nel territorio dello Stato, quando siano contrari all'ordine pubblico o al buon costume.

NIEDERLANDE

Burgerlijk Wetboek von 1837

Artt. 489, 501, 1356, 1358–1362, 1364, 1366–1373, 1482, 1485–1490, 1492, 1507, 1508, 1910, 1929 (2)
(Traduction française de P. H. Haanebrink. Bruxelles-Paris 1921; mise à jour par UNIDROIT)

Art. 489

Dans le cas de fureur, si l'interdiction n'est pas demandée par les autres personnes qui ont qualité à ce faire, elle doit l'être par le ministère public.

Art. 501

Tous actes qui peuvent avoir eu lieu avant l'interdiction, lorsque celle-ci est prononcée pour imbécillité, démence ou fureur, pourront être annulés, si la cause de l'interdiction existait manifestement à l'époque où ces actes ont été faits.

Art. 1356

Quatre conditions sont requises pour la validité des conventions:
1° Le consentement de ceux qui s'obligent;
2° La capacité de contracter une obligation;
3° Un objet certain;
4° Une cause licite.

Art. 1358

L'erreur n'est une cause de nullité de la convention que lorsqu'elle tombe sur la substance même de la chose qui en est l'objet.

L'erreur n'est point une cause de nullité, lorsqu'elle ne tombe que sur la personne avec laquelle on a intention de contracter, à moins que la considération de cette personne ne soit la cause principale de la convention.

Art. 1359

La violence exercée contre celui qui a contracté l'obligation, est une cause de nullité de la convention, encore qu'elle ait été exercée par un tiers autre que celui au profit duquel la convention a été faite.

Art. 1360

Il y a violence, lorsqu'elle est de nature à faire impression sur une personne raisonnable, et qu'elle peut lui inspirer la crainte d'exposer sa personne ou sa fortune à un mal considérable et présent.

On a égard, en cette matière, à l'âge, au sexe et à la condition des personnes.

Art. 1361

La violence est une cause de nullité du contrat, non seulement lorsqu'elle a été exercée sur une des parties contractantes, mais encore lorsqu'elle l'a été sur son époux ou sur son épouse, sur ses ascendants ou descendants.

Art. 1362

La seule crainte révérencielle envers le père, la mère ou autre ascendant, sans qu'il y ait eu de violence exercée, ne suffit point pour annuler le contrat.

Art. 1364

Le dol est une cause de nullité de la convention lorsque les manoeuvres, pratiquées par une des parties, sont telles qu'il est évident que, sans ces manoeuvres, l'autre partie n'aurait pas contracté.

Le dol ne se présume pas, mais doit être prouvé.

Art. 1366

Sont incapables de passer des conventions:

1⁰ les mineurs;

2⁰ ceux qui sont frappés d'interdiction;

3⁰ dans les cas prévus par la loi, tous ceux à qui la loi a interdit de conclure certaines conventions.

Art. 1367

Les personnes déclarées incapables par l'article précédent peuvent par conséquent attaquer leurs engagements dans tous les cas où cette faculté n'est pas exclue par la loi.

Les personnes qui sont capables de s'engager ne peuvent aucunement opposer l'incapacité de mineurs où d'interdits, avec lesquels elles ont contracté.

Art. 1368

Il n'y a que les choses qui sont dans le commerce qui puissent être l'objet des conventions.

Art. 1369

Il faut que la convention ait pour objet une chose au moins déterminée quant à son espèce.

La quotité de la chose peut être incertaine, pourvu que la quotité puisse être fixée ou déterminée.

Art. 1370

Les choses futures peuvent être l'objet d'une convention.

On ne peut cependant renoncer à une succession non encore ouverte, ni faire aucune stipulation sur une pareille succession, même avec le consentement de celui de la succession duquel il s'agit; sauf les dispositions des articles 224, 231 et 233.

Art. 1371

La convention sans cause ou sur une cause fausse ou illicite, ne peut avoir aucun effet.

Art. 1372

Si la cause n'est pas exprimée et qu'il en existe une qui soit licite, ou encore si une cause licite existe autre que celle qui est exprimée, la convention n'est pas moins valable.

Art. 1373

La cause est illicite, quand elle est prohibée par la loi, ou quand elle est contraire aux bonnes moeurs ou à l'ordre public.

Art. 1482

Toutes les obligations contractées par des mineurs ou par des interdits sont nulles de plein droit et doivent, sur la demande intentée à cette fin par eux-mêmes ou pour eux, être déclarées nulles, pour le seul motif de la minorité ou de l'interdiction.

Les obligations contractées par des mineurs émancipés ne sont nulles de plein droit que pour autant que l'obligation excède les limites de leur capacité.

Art. 1485

Les obligations contractées par violence, erreur ou dol, donnent lieu à une action en annulation.

Art. 1486

Les majeurs et aussi les mineurs, dans le cas où ils sont considérés comme majeurs, ne peuvent pour cause de lésion demander la rescision des obligations, que dans les cas spécialement prévus par la loi.

Art. 1487

L'annulation d'obligations, pour le motif de l'incapacité des personnes visées à l'article 1366, a pour conséquence que la chose et les parties sont replacées dans l'état où elles se trouvaient avant l'obligation; à la condition que la restitution de tout ce qui a été versé ou payé aux incapables en conséquence de l'obligation ne pourra être demandée que pour autant l'objet de cette demande se trouve encore entre les mains de l'incapable ou pour autant qu'il puisse sembler que ce qui a été versé ou payé a effectivement tourné à son profit ou qu'il a utilisé ou fait servir ce profit à son propre avantage.

Art. 1488

L'annulation pour cause de violence, erreur ou dol, a également pour effet de remettre la chose et les parties dans l'état où elles se trouvaient avant l'obligation.

Art. 1489

Dans les cas prévus par les articles 1482 et 1485 celui contre lui l'action en annulation est prononcée est, en outre, tenu des dommages-interêts, s'il y a lieu.

Art. 1490

Dans tous les cas où l'action en annulation d'une obligation n'est pas limitée à un temps moindre par une loi spéciale, elle dure cinq ans.

Ce temps commence à courir:

Dans le cas de minorité, du jour de la majorité;

Dans le cas d'interdiction, du jour de sa mainlevée;

Dans le cas de violence, du jour où elle a cessé;

Dans le cas d'erreur ou de dol, du jour de la découverte;

Dans le cas de nullité, prévue par l'article 1377, du jour de la découverte que les contractants avaient la connaissance requise pour la nullité.

Ce temps prescrit pour l'action ne s'applique pas à la nullité soulevée sous forme de défense ou d'exception, que l'on pourra toujours faire valoir.

Art. 1492

L'action en annulation n'est plus recevable si le mineur, l'interdit ou celui qui peut invoquer la violence, l'erreur ou le dol, a ratifié expressément ou tacitement l'obligation après le jour de sa majorité, de la levée de l'interdiction, de la cessation de la violence, ou de la découverte de l'erreur ou du dol.

Art. 1507

La vente de la chose d'autrui est nulle, et peut donner lieu à des dommages-intérêts contre le vendeur, lorsque l'acheteur a ignoré que la chose fût à autrui.

Art. 1508

Si, au moment de la vente, la chose vendue était périe en totalité, la vente serait nulle.

Si une partie seulement en est périe, il est au choix de l'acquéreur d'abandonner le vente ou de demander la partie conservée, en déterminant le prix par la ventilation.

Art. 1910

Les contre-lettres, contractées par un acte séparé, en opposition avec l'acte original, ne font foi qu'entre les parties ayant adhéré à pareil acte et leurs héritiers ou ayants droit; mais elles n'ont point d'effet contre les tiers.

Art. 1929 (2)

...

A défaut d'un acte de ratification ou de validation, il suffit que l'obligation ait été exécutée volontairement après l'époque à laquelle elle aura pu être valablement ratifiée ou validée.

...

Entwurf eines Burgerlijk Wetboek (Meijers)

Artt. 3.2.2; 3.2.3; 3.2.4; 3.2.7; 3.2.10; 3.2.12–17; 3.2.18.2; 3.2.19; 6.1.8.1; 6.1.8.11; 6.1.8.12; 6.1.9.1; 6.1.9.2; 6.1.9.6; 6.1.10.3; 6.5.2.10–13
(Traduction française par UNIDROIT)

Art. 3.2.2

Un acte juridique présuppose une volonté s'étant révélée par une déclaration et ayant pour but un effet juridique.

Lorsque quelqu'un dont les facultés mentales sont troublées d'une façon permanente ou temporaire, fait une déclaration, une volonté correspondante à cette déclaration est censée manquer, si ce trouble empêche une évaluation raisonnable des intérêts atteints par l'acte ou la déclaration est faite sous l'influence du trouble; une déclaration est présumée faite sous l'influence d'un trouble de l'esprit, si elle a causeé un désavantage à la personne mentalement troublée.

Le manque de volonté entraîne pour un acte juridique unilatéral la nullité et pour un acte juridique plurilatéral l'annulabilité.

Art. 3.2.3

1. Lorsque quelqu'un a entendu une déclaration ou un comportement dans le sens dans lequel pouvait l'entendre une personne jugeant raisonablement, et qu'il n'est pas clairement manifeste pour lui qu'une volonté correspondante à ladite déclaration ou audit comportement faisait défaut, le défaut de cette volonté ne pourra être invoqué contre lui. L'insuffisance d'une déclaration ne pourra pas plus être invoquée contre celui qui n'en avait pas connaissance et n'était pas tenu à en avoir connaissance.

2. Le paragraphe précédent ne s'applique pas aux dispositions de dernière volonté.

Art. 3.2.4

1. Sauf si la loi en dispose autrement, une déclaration peut avoir lieu sous toute forme quelconque, et elle peut être inférée d'un ou plusieurs comportements.

2. Pour avoir effet, toute déclaration adressée à une autre personne doit avoir atteint cette autre personne. Toutefois, la déclaration qui n'aurait pas atteint la personne à laquelle elle était adressée ou qui ne l'aurait pas atteinte en temps opportun, aura néanmoins son effet lorsque la circonstance qu'elle n'ait pas atteint cette personne ou qu'elle ne l'ait pas atteinte en temps voulu, est la conséquence du propre comportement de ladite personne, de celui de personnes dont elle est responsable, ou d'autres circonstances qui sont personnelles à ladite personne et qui justifient qu'elle en supporte les conséquences préjudiciables.

Art. 3.2.7

1. Un acte juridique qui, par son contenu ou son but est contraire aux bonnes moeurs ou à l'ordre public est nul.

2. Les actes juridiques qui sont contraires à une disposition coercitive de la loi, sont nuls. Si la disposition coercitive de la loi a exclusivement pour but la protection de l'une des parties dans un acte juridique plurilatéral, ledit acte juridique ne sera qu'annulable.

Art. 3.2.10

1. Un acte juridique est annulable lorsqu'il a été fait sous l'empire de la menace, du dol ou d'un abus des circonstances.

2. Il y a menace lorsque quelqu'un détermine une autre personne à accomplir un acte juridique donné en menaçant injustement cette personne ou un tiers d'un dommage à sa personne ou à ses biens. La menace doit être de nature à exercer une impression sur une personne jugeant raisonnablement.

3. Il y a dol lorsque quelqu'un détermine une autre personne à accomplir un acte juridique donné au moyen de communications inexactes faites intentionellement à cette fin, ou en dissimulant intentionellement à cette fin des faits que l'auteur de la dissimulation était tenu de communiquer. Des louanges

faites en termes génériques, même si elles ne correspondent pas à la vérité, ne produisent pas en elles-mêmes un dol.

4. Il y a abus de circonstances lorsque quelqu'un a abusé de l'état de nécessité, de la subordination, de l'inconsidération, de l'état mental anormal ou de l'inexpérience d'une autre personne, afin de déterminer celle-ci à accomplir un acte qui lui est préjudiciable. L'abus de circonstances sera présumé lorsque le dommage est disproportionellement élevé et qu'est prouvé l'état de nécessité, la subordination, l'inconsidération, l'état mental anormal ou l'inexpérience.

5. Lorsqu'une déclaration émanant d'une partie a été faite sous l'empire de la menace, du dol ou d'un abus de circonstances, on ne pourra invoquer cette influence contre une autre partie ou contre un tiers qui n'avait aucune raison de supposer que cette déclaration avait été ainsi faite.

Art. 3.2.12

L'acte juridique réalisé sous l'empire de l'erreur n'est annulable que dans les conditions prévues par la loi.

Art. 3.2.13

Un acte juridique annulable peut être annulé soit par une déclaration extrajudiciaire, soit par un jugement.

Art. 3.2.14

1. La déclaration par lequel est annulé un acte juridique est adressée par celui en faveur duquel l'annulabilité est établie, à ceux qui not participé comme parties à l'acte juridique ou, s'il s'agit d'un acte juridique unilatéral, à ceux à qui l'acte s'adressait; si l'acte n'est pas adressé à une ou à plusieurs personnes déterminées, la déclaration est alors faite à ceux qui sont directement intéressés à la conservation de l'acte juridique.

2. Si un acte juridique a déjà été exécuté en tout ou en partie, une déclaration n'aura un effet d'annulation que lorsque ceux auxquels elle était adressée se satisfont de cette nullité.

Art. 3.2.15

1. L'action en annulation d'un acte juridique est intentée par celui en faveur duquel l'annulabilité est établie contre la même personne ou les mêmes personnes auxquelles, aux termes de l'article précédent, la déclaration y visée doit être adressée.

2. Si les conséquences de l'acte juridique qui se sont déjà produites ne peuvent être que difficilement réparées, le juge peut refuser de donner force rétroactive à l'annulation, en partie ou pour le tout.

Art. 3.2.16

La faculté de demander l'annulation d'un acte juridique plurilatéral sur la base d'un abus de circonstances s'éteint lorsque l'autre partie propose en temps opportun une modification de l'acte juridique qui met fin au préjudice d'une manière définitive. En outre, le juge peut, sur la demande d'une des parties, au lieu d'en décider l'annulation, modifier le contenu de l'acte juridique.

Art. 3.2.17

1. La faculté de demander en justice une annulation se prescrit:

a) en cas d'incapacité, un an après la cessation de l'incapacité ou, si l'incapable a un représentant légal, un an après que ledit représentant légal a eu connaissance de l'acte;

b) en cas de menace ou d'abus de circonstances, un an après que cette influence a cessé d'opérer;

c) en cas de dol, d'erreur ou de lésion, un an après que le dol, l'erreur ou la lésion est découvert;

d) en cas d'autres causes d'annulabilité, un an après que la circonstance ayant produit la cause de l'annulabilité a cessé d'exister.

2. En cas de décès de celui qui peut demander l'annulation, avant l'expiration du délai, celui-ci ne prendra fin en aucun cas vis-à-vis des héritiers avant que six mois ne se soient écoulés à partir du décès du défunt.

3. Par dérogation aux dispositions qui précèdent, l'annulabilité pourra être invoquée à tout moment comme défense contre une action reposant sur l'acte juridique. Si le jugement accueille cette défense, l'acte juridique sera annulé.

Art. 3.2.18

1. ...

2. De même, la faculté d'annuler l'acte juridique disparaît lorsqu'après le moment où le délai a commencé à courir, un intéressé direct a demandé à celui qui peut réaliser l'annulation de choisir dans un délai raisonnable, fixé par lui, entre une confirmation et une annulation, et qu'il n'a fait aucun choix dans ce délai.

Art. 3.2.19

Si un acte juridique a besoin, pour atteindre le résultat voulu, de l'approbation ou de l'autorisation d'un organe public ou d'une autre personne, qui n'est pas partie audit acte juridique, tout intéressé direct pourra notifier à ceux qui ont été parties à l'acte juridique qu'à défaut d'approbation ou d'autorisation dans un délai raisonnable à fixer par ledit intéressé, l'acte restera sans effet à son égard, même si l'approbation ou l'autorisation devait néanmoins intervenir dans la suite.

Art. 6.1.8.1

Lorsque le débiteur qui reste en défaut d'exécuter son obligation, à moins que cette défaillance ne puisse lui être imputée, est tenu de réparer le préjudice subi par le créancier de ce chef.

Art. 6.1.8.11

1. Lorsque le débiteur reste en défaut d'exécuter son obligation, le droit du créancier à la prestation, pour autant que la prestation ne soit pas déjà devenue définitivement impossible, se trouvera simplement converti en un droit à dommages-intérêts, par une déclaration faite par ledit créancier à cette fin.

2. A l'exception des cas mentionnés dans l'article suivant, cette déclaration doit avoir lieu par une notification écrite ou judiciaire et la conversion sortira ses effets dès que le débiteur ne satisfora pas dans un délai déterminé raisonnable à une sommation d'exécution faite dans les mêmes formes. Sous la même

réserve, la faculté de conversion s'étendra à la suite d'une offre convenable d'exécution.

3. En cas de retard du débiteur après l'expiration du délai indiqué au paragraphe précédent, mention sera faite dans la sommation de la possibilité de conversion.

Aucune sommation n'est requise lorsque le débiteur ne peut exécuter momentanément ou lorsqu'il résulte de son comportement qu'une sommation serait inutile.

4. La conversion ne peut avoir lieu sur la base d'une impossibilité temporaire d'exécution de peu d'importance, ou d'une défaillance qui ne peut être imputée au débiteur.

Art. 6.1.8.12

1. Au cas où des circonstances de nature durable ne rendent possible qu'une partie de la prestation ou qu'une prestation non convenable, le créancier pourra déclarer à l'autre partie qu'il n'entend pas faire valoir cette prestation comme une exécution, à moins que la défaillance ne soit que de peu d'importance ou qu'elle ne puisse être imputée au débiteur.

2. Si la prestation a déjà été exécutée, le créancier conserve encore cette faculté si en raison de la défaillance il n'a plus d'intérêt à la prestation.

Art. 6.1.9.1

1. Pour autant que la loi n'en dispose pas autrement, seul le dommage patrimonial entre en considération pour la réparation.

2. Les dépenses, tendant à prévenir ou à diminuer un préjudice autre qu'un dommage patrimonial, de même que les dépenses qui, en raison d'un événement dont une autre personne est responsable, ont été faites en vain, doivent être réparées dans les limites de l'équité.

Art. 6.1.9.2

Le dommage à réparer comprend aussi bien la perte subie (par le créancier) que le gain dont il a été privé.

Art. 6.1.9.6

Lorsque le dommage doit être attribué à une circonstance qui peut être imputée à la partie lésée, l'obligation de réparation sera équitablement réduite ou supprimée.

Art. 6.1.10.3

1. L'obligation s'éteint par suite de force majeure lorsque le débiteur est empêché de l'exécuter par une cause qui ne lui est pas imputable.

2. Toutefois, l'obligation subsiste si le créancier est en mesure, nonobstant l'empêchement, de se procurer ce qui lui est dû par voie d'exécution ou de compensation, et même si le créancier a droit à dommages-intérêts en vertu de l'article 6.1.8.4.

Art. 6.5.2.10

Les obligations que les parties assument doivent être certaines.

Art. 6.5.2.11

1. Une convention est annuable pour défaut d'une juste présentation des choses (erreur):

a) si une partie avait compris que l'autre partie se trouvait dans l'erreur et que, sans cette erreur, cette autre partie n'aurait pas conclu le contrat;

b) si l'erreur doit être attribuée à une information donnée par l'autre partie, à moins que celle-ci ne pût supposer que, même sans les informations, la convention eût également été passée.

2. Le paragraphe précédent ne s'applique pas lorsque l'erreur concerne une circonstance future, lorsque le contrat aurait été conclu même sans l'erreur, ou bien encore lorsque, conformément aux conceptions couramment valables, l'erreur doit rester pour le compte de celui qui est tombé en erreur.

Art. 6.5.2.12

1. La convention à la base de laquelle se trouve une supposition dont le poids est tel que l'une des parties, conformément aux normes de la raison et de l'équité, ne pouvait s'attendre à tenir l'autre partie obligée à la convention même en cas d'inexactitude de cette supposition, sera annulable en cas d'inexactitude de ladite supposition.

2. Le paragraphe précédent ne s'applique pas au cas où la supposition concerne une circonstance future.

Art. 6.5.2.13

Les successions non encore ouvertes ne peuvent faire l'objet d'une convention.

Wet Algemeene Bepalingen

Loi du 15 mai 1829 (dispositions générales sur la légalisation du Royaume), mod. par la loi du 26 avril 1917

Art. 14

Les lois concernant l'ordre public ou les bonnes moeurs ne peuvent être privées de leur force par un acte ou une Convention quelconques.

NORWEGEN

Kaufgesetz vom 24. 5. 1907

§ 23

Vertragsgesetz vom 31. 5. 1918

§§ 28–34

Diese Gesetzesbestimmungen stimmen mit den entsprechenden schwedischen Bestimmungen so weitgehend überein, daß auf diese verwiesen werden kann (siehe Schweden, unten S. 43 ff.).

Gesetz über Vormundschaft über Minderjährige vom 22. 4. 1927

§§ 36, 37

§ 36

Hat ein Minderjähriger einen Vertrag geschlossen, den er in eigenem Namen nicht bindend eingehen konnte und den er nicht gültig erfüllt hat, so kann der andere Vertragsteil vom Vertrag zurücktreten. Die Erklärung seiner Absicht, vom Vertrage zurückzutreten, kann der andere Vertragsteil dem Minderjährigen selbst abgeben. Wußte der andere Vertragsteil, daß der Vertragspartner unmündig war, und hatte er keinen Grund zu glauben, daß dieser den Vertrag gültig abschließen konnte, kann er nicht vor Ablauf der Frist zurücktreten, die möglicherweise vereinbart wurde, es sei denn, daß sich der Vormund innerhalb dieser Frist weigert, den Vertrag zu genehmigen. Desgleichen kann auch der andere Vertragsteil nicht von einem Vertrag über persönliche Arbeiten von seiten des Minderjährigen zurücktreten, solange dieser seine Verpflichtungen erfüllt.

§ 37

Wird ein Vertrag, den ein Minderjähriger in eigenem Namen nicht schließen konnte, nicht genehmigt oder tritt der andere Vertragspartner nach § 36 vom Vertrag zurück, so hat jede der Parteien das Empfangene zurückzugeben oder, wenn dies nicht möglich ist, den Wert zu ersetzen. Der Minderjährige ist nicht verpflichtet, das Empfangene in weiterem Umfange zurückzugeben, als es ihm zunutze gekommen ist.

ÖSTERREICH

Allgemeines Bürgerliches Gesetzbuch von 1811

§§ 248 (1), 865, 866, 869–875, 877–879, 916, 923, 934, 935, 1060, 1174, 1308–1310, 1487

§ 248

(1) Ein Minderjähriger, welcher sich nach zurückgelegtem achtzehnten Jahre bei einem Geschäfte für großjährig ausgibt, ist für allen Schaden verantwortlich, wenn der andere Teil vor Abschließung des Geschäftes nicht wohl erst Erkundigung über die Wahrheit des Vorgebens einholen konnte.

. . .

§ 865

Wer den Gebrauch der Vernunft nicht hat, wie auch ein Kind unter sieben Jahren, ist unfähig, ein Versprechen zu machen, oder es anzunehmen. Andere Personen hingegen, welche von einem Vater, Vormunde oder Kurator abhängen, können zwar ein bloß zu ihrem Vorteile gemachtes Versprechen annehmen; wenn sie aber eine damit verknüpfte Last übernehmen, oder selbst etwas versprechen, hängt die Gültigkeit des Vertrages nach den, in dem dritten und vierten Hauptstücke des ersten Teiles, gegebenen Vorschriften in der Regel von der Einwilligung des Vertreters oder zugleich des Gerichtes ab. Bis diese Einwilligung erfolgt, kann der andere Teil nicht zurücktreten, aber eine angemessene Frist zur Erklärung verlangen.

§ 866

Wer listiger Weise vorgibt, daß er Verträge zu schließen fähig ist, und dadurch einen andern, der darüber nicht leicht Erkundigung einholen konnte, hintergeht, ist zur Genugtuung verpflichtet.

§ 869

Die Einwilligung in einen Vertrag muß frei, ernstlich, bestimmt und verständlich erklärt werden. Ist die Erklärung unverständlich; ganz unbestimmt; oder erfolgt die Annahme unter andern Bestimmungen, als unter welchen das Versprechen geschehen ist, so entsteht kein Vertrag. Wer sich, um einen andern zu bevorteilen, undeutlicher Ausdrücke bedient, oder eine Scheinhandlung unternimmt, leistet Genugtuung.

§ 870

Wer von dem anderen Teile durch List oder durch ungerechte und gegründete Furcht (§ 55) zu einem Vertrage veranlaßt worden, ist ihn zu halten nicht verbunden.

§ 871

War ein Teil über den Inhalt der von ihm abgegebenen oder dem anderen zugegangenen Erklärung in einem Irrtum befangen, der die Hauptsache oder eine wesentliche Beschaffenheit derselben betrifft, worauf die Absicht vorzüglich gerichtet und erklärt wurde, so entsteht für ihn keine Verbindlichkeit, falls der Irrtum durch den anderen veranlaßt war, oder diesem aus den Umständen offenbar auffallen mußte oder noch rechtzeitig aufgeklärt wurde.

§ 872

Betrifft aber der Irrtum weder die Hauptsache, noch eine wesentliche Beschaffenheit derselben, sondern einen Nebenumstand; so bleibt der Vertrag, insofern beide Teile in den Hauptgegenstand gewilligt, und den Nebenumstand nicht als vorzügliche Absicht erklärt haben, noch immer gültig: allein dem Irregeführten ist von dem Urheber des Irrtumes die angemessene Vergütung zu leisten.

§ 873

Eben diese Grundsätze sind auch auf den Irrtum in der Person desjenigen, welchem ein Versprechen gemacht worden ist, anzuwenden; insofern ohne den Irrtum der Vertrag entweder gar nicht, oder doch nicht auf solche Art errichtet worden wäre.

§ 874

In jedem Falle muß derjenige, welcher einen Vertrag durch List oder ungerechte Furcht bewirkt hat, für die nachteiligen Folgen Genugtuung leisten.

§ 875

Ist einer der Vertragschließenden von einem Dritten durch List oder durch ungerechte und gegründete Furcht zu einem Vertrage bewogen; oder zu einer irrtümlichen Erklärung veranlaßt worden; so ist der Vertrag gültig. Nur in dem Falle, daß der andere Teil an der Handlung des Dritten teilnahm oder von derselben offenbar wissen mußte, kommen die §§ 870–874 zur Anwendung.

§ 877

Wer die Aufhebung eines Vertrages aus Mangel der Einwilligung verlangt, muß dagegen auch alles zurückstellen, was er aus einem solchen Vertrage zu seinem Vorteile erhalten hat.

§ 878

Was geradezu unmöglich ist, kann nicht Gegenstand eines gültigen Vertrages werden. Ist Mögliches und Unmögliches zugleich bedungen, so bleibt der Vertrag in ersterem Teile gültig, wenn anders aus dem Vertrage nicht hervorgeht, daß kein Punkt von dem anderen abgesondert werden könne. Wer bei Abschließung des Vertrages die Unmöglichkeit kannte oder kennen mußte, hat dem anderen Teile, falls von diesem nicht dasselbe gilt, den Schaden zu ersetzen, den er durch das Vertrauen auf die Gültigkeit des Vertrages erlitten hat.

§ 879

(1) Ein Vertrag, der gegen ein gesetzliches Verbot oder gegen die guten Sitten verstößt, ist nichtig.

(2) Insbesondere sind folgende Verträge nichtig:

1. wenn etwas für die Unterhandlung eines Ehevertrages bedungen wird;
2. wenn ein Rechtsfreund eine ihm anvertraute Streitsache ganz oder teilweise an sich löst oder sich einen bestimmten Teil des Betrages versprechen läßt, der der Partei zuerkannt wird;
3. wenn eine Erbschaft oder ein Vermächtnis, die man von einer dritten Person erhofft, noch bei Lebzeiten derselben veräußert wird;
4. wenn jemand den Leichtsinn, die Zwangslage, Verstandesschwäche, Unerfahrenheit oder Gemütsaufregung eines anderen dadurch ausbeutet, daß er sich oder einem Dritten für eine Leistung eine Gegenleistung versprechen oder gewähren läßt, deren Vermögenswert zu dem Werte der Leistung in auffallendem Mißverhältnisse steht.

§ 916

(1) Eine Willenserklärung, die einem anderen gegenüber mit dessen Einverständnis zum Schein abgegeben wird, ist nichtig. Soll dadurch ein anderes Geschäft verborgen werden, so ist dieses nach seiner wahren Beschaffenheit zu beurteilen.

(2) Einem Dritten, der im Vertrauen auf die Erklärung Rechte erworben hat, kann die Einrede des Scheingeschäftes nicht entgegengesetzt werden.

§ 923

Wer also der Sache Eigenschaften beilegt, die sie nicht hat, und die ausdrücklich oder vermöge der Natur des Geschäftes stillschweigend bedungen worden sind; wer ungewöhnliche Mängel oder Lasten derselben verschweigt; wer eine nicht mehr vorhandene oder eine fremde Sache als die seinige veräußert; wer fälschlich vorgibt, daß die Sache zu einem bestimmten Gebrauche tauglich; oder daß sie auch von den gewöhnlichen Mängeln und Lasten frei sei; der hat, wenn das Widerspiel hervorkommt, dafür zu haften.

§ 934

Hat bei zweiseitig verbindlichen Geschäften ein Teil nicht einmal die Hälfte dessen, was er dem andern gegeben hat, von diesem an dem gemeinen Werte erhalten; so räumt das Gesetz dem verletzten Teile das Recht ein, die Aufhebung und die Herstellung in den vorigen Stand zu fordern. Dem andern Teile steht aber bevor, das Geschäft dadurch aufrecht zu erhalten, daß er den Abgang bis zum gemeinen Wert zu ersetzen bereit ist. Das Mißverhältnis des Wertes wird nach dem Zeitpunkte des geschlossenen Geschäftes bestimmt.

§ 935

Dieses Rechtsmittel findet nicht statt, wenn jemand ausdrücklich darauf Verzicht getan, oder sich erklärt hat, die Sache aus besonderer Vorliebe um einen außerordentlichen Wert zu übernehmen; wenn er, obgleich ihm der wahre Wert bekannt war, sich dennoch zu dem unverhältnismäßigen Werte verstanden hat; ferner, wenn aus dem Verhältnisse der Personen zu vermuten ist, daß sie einen, aus einem entgeltlichen und unentgeltlichen vermischten, Vertrag schließen wollten; wenn sich der eigentliche Wert nicht mehr erheben läßt; endlich, wenn die Sache von dem Gerichte versteigert worden ist.

§ 1060

Außer diesem Falle kann der Kauf sowohl von dem Käufer als Verkäufer nur wegen Verletzung über die Hälfte bestritten werden (§§ 934–935). Diese Beschwerde findet auch dann statt, wenn der Ausspruch des Kaufpreises einem Dritten überlassen worden ist.

§ 1174

(1) Was jemand wissentlich zur Bewirkung einer unmöglichen oder unerlaubten Handlung gegeben hat, kann er nicht wieder zurückfordern. Inwiefern es der Fiskus einzuziehen berechtigt sei, bestimmen die politischen Verordnungen. Ist aber etwas zur Verhinderung einer unerlaubten Handlung demjenigen, der diese Handlung begehen wollte, gegeben worden, so findet die Zurückforderung statt.

(2) Ein zum Zweck eines verbotenen Spieles gegebenes Darlehen kann nicht zurückgefordert werden.

§ 1308

Wenn Wahn- oder Blödsinnige oder Unmündige jemanden beschädigen, der durch irgendein Verschulden hierzu selbst Veranlassung gegeben hat, so kann er keinen Ersatz ansprechen.

§ 1309

Außer diesem Falle gebührt ihm der Ersatz von denjenigen Personen, denen der Schade wegen Vernachlässigung der ihnen über solche Personen anvertrauten Obsorge beigemessen werden kann.

§ 1310

Kann der Beschädigte auf solche Art den Ersatz nicht erhalten; so soll der Richter mit Erwägung des Umstandes, ob dem Beschädiger, ungeachtet er gewöhnlich seines Verstandes nicht mächtig ist, in dem bestimmten Falle nicht dennoch ein Verschulden zur Last liege; oder ob der Beschädigte aus Schonung des Beschädigers die Verteidigung unterlassen habe; oder endlich, mit Rücksicht auf das Vermögen des Beschädigers und des Beschädigten; auf den ganzen Ersatz, oder doch einen billigen Teil desselben erkennen.

§ 1487

Die Rechte, eine Erklärung des letzten Willens umzustoßen; den Pflichtteil oder dessen Ergänzung zu fordern; eine Schenkung wegen Undankbarkeit des Beschenkten zu widerrufen oder den Beschenkten wegen Verkürzung des Pflichtteils in Anspruch zu nehmen; einen entgeltlichen Vertrag wegen Verletzung über die Hälfte aufzuheben, oder die vorgenommene Teilung eines gemeinschaftlichen Gutes zu bestreiten; und die Forderung wegen einer bei dem Vertrage unterlaufenen Furcht oder eines Irrtums, wobei sich der andere vertragmachende Teil keiner List schuldig gemacht hat, müssen binnen drei Jahren geltend gemacht werden. Nach Verlauf dieser Zeit sind sie verjährt.

Entmündigungsordnung vom 28. 6. 1916

§§ 3, 4 (1)

§ 3

Wer voll entmündigt ist, steht hinsichtlich seiner Handlungsfähigkeit einem Kinde vor vollendetem siebenten Lebensjahre gleich. Zur Fürsorge für die Person und das Vermögen des Entmündigten ist ein Kurator zu bestellen.

§ 4

(1) Wer beschränkt entmündigt ist, steht einem mündigen Minderjährigen gleich und erhält einen Beistand.

...

Wuchergesetz von 1949

§ 1

Ein Vertrag ist nichtig, wenn jemand den Leichtsinn, die Zwangslage, Verstandesschwäche, Unerfahrenheit oder Gemütsaufregung eines anderen dadurch ausbeutet, daß er sich oder einem Dritten für eine Leistung eine Gegenleistung versprechen oder gewähren läßt, deren Vermögenswert zu dem Werte seiner Leistung in auffallendem Mißverhältnis steht.

SCHWEDEN

Kaufgesetz vom 20. 6. 1905

§ 23

Where specific goods have been purchased and the delay in the delivery of the goods is detrimental to the buyer, he is entitled to claim damages from the seller unless it is shown that the delay cannot be attributed to him as an act of negligence.

Vertragsgesetz vom 11. 6. 1915

§§ 28–34

(Übersetzung aus UNIDROIT, Annuaire 1961, S. 197 ff.)

§ 28

An act, which anyone has been unlawfully constrained to do, shall not be binding on the person so compelled, where the constraint has been exerted by physical violence or by threats involving imminent urgent danger.

Where the constraint has been exercised by a person other than the one who became a party to the act and this latter party acted in good faith, it is however incumbent upon the party compelled, where he wishes to plead duress against the other party, without unreasonable delay after the cessation of the constraint, to intimate this fact to him, at the risk, if omitted, that the act will be enforceable.

§ 29

An act, which anyone, without using such means of constraint as referred to in Article 28, has unlawfully forced another to do, shall not bind the person so compelled, where the person who became a party to the act, has himself either exercised the constraint, or has realized or should have realized that the act has been caused by unlawful constraint on the part of another.

§ 30

Where a person who has become party to an act has either effected the same through fraudulent inveiglement, or has realized or should have realized that the other party had been fraudulently inveigled thereto by another, the act shall not be binding on the party so inveigled.

Should the person with whom the act was entered into, fraudulently have set forth or withheld circumstances that can be assumed to be of importance to the act, he shall be considered to have thereby effected the same, provided it is not shown that the fraudulent measure has not influenced the act.

§ 31

Where anyone has taken advantage of another person's distress, want of judgment, recklessness or position of dependency in relation to himself, by taking or stipulating for himself advantages which are in obvious disproportion to the compensation that may have been paid or promised, or for which compensation ought not be given, the act which has thus been effected shall not be binding on the injured.

The same applies where such an undue influence as is referred to in the foregoing paragraph, is chargeable on another than the person who was a party to the act and the latter had or should have had knowledge thereof.

As far as agreements regarding salvage are concerned, the provisions of Article 227 of the Merchant Shipping Act shall apply.

§ 32

A person, who has given a manifestation of will which as a result of an error in writing or other mistake on his part has acquired another content than was intended, is not bound by the content of the manifestation of will, where the one to whom the manifestation was directed realized or should have realized the mistake.

Where a given manifestation of will which has been forwarded by telegram or is transmitted verbally through a messenger, in consequence of a mistake in the telegraphic transmission or of a wrong rendering through the messenger, is changed as to its contents, the sender is not bound by the manifestation in the manner it has been delivered despite the fact that the recipient acted in good faith. Where the sender for the reasons now stated does not wish to allow the declaration of will to be valid, it is, nevertheless, his duty to give the addressee notice thereof without unreasonable delay, after the change has come to his knowledge; if he omits to do so, and the addressee acted in good faith, the manifestation shall be valid according to the wording in which it was delivered.

§ 33

An act which should otherwise be considered as valid is not enforceable, when the circumstances when the act came to existence were such that it would be incompatible with honour and good faith to enforce the act with knowledge of such circumstances and the party to the act must be presumed to have had such knowledge.

§ 34

Where an instrument of debt, any written contract, or any other written document is a sham document, a claim or a right which the person entitled under the terms of the document has on the strength of it transferred to another, may nevertheless be enforced by the one acquiring it, provided he was in good faith when he obtained it.

Elterngesetz vom 10. 6. 1949

§§ 6, 7

§ 6

Hat ein Minderjähriger ohne die erforderliche Einwilligung einen Vertrag geschlossen, so ist derjenige, mit dem er den Vertrag geschlossen hat, berechtigt, vom Vertrage zurückzutreten, solange dieser nicht genehmigt oder gehörig erfüllt wurde. Wußte er, daß der Vertrag mit einem Minderjährigen geschlossen wurde, so kann er doch während des Zeitraums, der bei Vertragsabschluß für die Genehmigung möglicherweise festgesetzt wurde oder sonst dafür billigerweise vorgesehen werden muß, nicht vom Vertrage zurücktreten, es sei denn, er hatte Veranlassung zu der Annahme, daß der Minderjährige zum Abschluß des Vertrages berechtigt war. Derjenige, bei dem sich der Minderjährige verdingt oder eine andere Arbeit angenommen hat, kann von diesem Vertrage nicht zurücktreten, solange er von dem Minderjährigen erfüllt wird.

Die Mitteilung über den Rücktritt vom Vertrage hat auch gegenüber dem Minderjährigen selbst zu erfolgen.

§ 7

Wird ein Vertrag, den ein Minderjähriger ohne die erforderliche Einwilligung geschlossen hat, nicht gültig, so hat jeder das Empfangene zurückzugeben oder, wenn dies nicht möglich ist, seinen Wert zu ersetzen. Soweit in Abs. 2 nichts anderes bestimmt ist, ist der Minderjährige jedoch nur soweit verpflichtet, einen solchen Ersatz zu leisten, als das Empfangene für seinen angemessenen Unterhalt verwendet wurde oder anzunehmen ist, daß es ihm sonst Nutzen gebracht hat.

Hat der Minderjährige bei Abschluß des Vertrages denjenigen, mit dem der Vertrag geschlossen wurde, durch falsche Angaben über seine Berechtigung getäuscht, so ist er bei Ungültigkeit des Vertrages verpflichtet, in angemessenem Umfang Ersatz für den durch den Vertrag verursachten Verlust zu leisten. War das Vorgehen strafbar, dann ist nach den allgemeinen Vorschriften über den Schadensersatz auf Grund einer strafbaren Handlung Ersatz zu leisten.

SCHWEIZ

Zivilgesetzbuch von 1907

Artt. 16, 18, 19, 280, 410, 411, 717

Art. 16

Urteilsfähig im Sinne dieses Gesetzes ist ein jeder, dem nicht wegen seines Kindesalters oder infolge von Geisteskrankheit, Geistesschwäche, Trunkenheit oder ähnlichen Zuständen die Fähigkeit mangelt, vernunftgemäß zu handeln.

Art. 18

Wer nicht urteilsfähig ist, vermag unter Vorbehalt der gesetzlichen Ausnahmen durch seine Handlungen keine rechtliche Wirkung herbeizuführen.

Art. 19

Urteilsfähige unmündige oder entmündigte Personen können sich nur mit Zustimmung ihrer gesetzlichen Vertreter durch ihre Handlungen verpflichten.

Ohne diese Zustimmung vermögen sie Vorteile zu erlangen, die unentgeltlich sind, und Rechte auszuüben, die ihnen um ihrer Persönlichkeit willen zustehen.

Sie werden aus unerlaubten Handlungen schadenersatzpflichtig.

Art. 280

Das Kind hat unter der elterlichen Gewalt die gleiche beschränkte Handlungsfähigkeit wie eine bevormundete Person.

Die Bestimmungen über die Vertretung durch den Vormund finden entsprechende Anwendung, mit Ausschluß der Vorschrift betreffend Mitwirkung der Bevormundeten bei der Vermögensverwaltung.

Für Verpflichtungen des Kindes haftet sein Vermögen ohne Rücksicht auf die elterlichen Vermögensrechte.

Art. 410

Ist der Bevormundete urteilsfähig, so kann er Verpflichtungen eingehen oder Rechte aufgeben, sobald der Vormund ausdrücklich oder stillschweigend zum voraus seine Zustimmung gegeben hat oder nachträglich das Geschäft genehmigt.

Der andere Teil wird frei, wenn die Genehmigung nicht innerhalb einer angemessenen Frist erfolgt, die er selber ansetzt oder durch den Richter ansetzen läßt.

Art. 411

Erfolgt die Genehmigung des Vormundes nicht, so kann jeder Teil die vollzogenen Leistungen zurückfordern, der Bevormundete haftet jedoch nur insoweit, als die Leistung in seinem Nutzen verwendet wurde, oder als er zur Zeit der Rückforderung noch bereichert ist oder sich böswillig der Bereicherung entäußert hat.

Hat der Bevormundete den andern Teil zu der irrtümlichen Annahme seiner Handlungsfähigkeit verleitet, so ist er ihm für den verursachten Schaden verantwortlich.

Art. 717

Bleibt die Sache infolge eines besonderen Rechtsverhältnisses beim Veräußerer, so ist der Eigentumsübergang Dritten gegenüber unwirksam, wenn damit ihre Benachteiligung oder eine Umgehung der Bestimmungen über das Faustpfand beabsichtigt worden ist.

Der Richter entscheidet hierüber nach seinem Ermessen.

Obligationenrecht von 1911

Artt. 18–21, 23–31, 36, 54, 64

Art. 18

Bei der Beurteilung eines Vertrages sowohl nach Form als nach Inhalt ist der übereinstimmende wirkliche Wille und nicht die unrichtige Bezeichnung oder Ausdrucksweise zu beachten, die von den Parteien aus Irrtum oder in der Absicht gebraucht wird, die wahre Beschaffenheit des Vertrages zu verbergen.

Dem Dritten, der die Forderung im Vertrauen auf ein schriftliches Schuldbekenntnis erworben hat, kann der Schuldner die Einrede der Simulation nicht entgegensetzen.

Art. 19

Der Inhalt des Vertrages kann innerhalb der Schranken des Gesetzes beliebig festgestellt werden.

Von den gesetzlichen Vorschriften abweichende Vereinbarungen sind nur zulässig, wo das Gesetz nicht eine unabänderliche Vorschrift aufstellt oder die Abweichung nicht einen Verstoß gegen die öffentliche Ordnung, gegen die guten Sitten oder gegen das Recht der Persönlichkeit in sich schließt.

Art. 20

Ein Vertrag, der einen unmöglichen oder widerrechtlichen Inhalt hat oder gegen die guten Sitten verstößt, ist nichtig.

Betrifft aber der Mangel bloß einzelne Teile des Vertrages, so sind nur diese nichtig, sobald nicht anzunehmen ist, daß er ohne den nichtigen Teil überhaupt nicht geschlossen worden wäre.

Art. 21

Wird ein offenbares Mißverhältnis zwischen der Leistung und der Gegenleistung durch einen Vertrag begründet, dessen Abschluß von dem einen Teil durch Ausbeutung der Notlage, der Unerfahrenheit oder des Leichtsinns des andern herbeigeführt worden ist, so kann der Verletzte innerhalb Jahresfrist erklären, daß er den Vertrag nicht halte, und das schon Geleistete zurückverlangen.

Die Jahresfrist beginnt mit dem Abschluß des Vertrages.

Art. 23

Der Vertrag ist für denjenigen unverbindlich, der sich beim Abschluß in einem wesentlichen Irrtum befunden hat.

Art. 24

Der Irrtum ist namentlich in folgenden Fällen ein wesentlicher:

1. wenn der Irrende einen anderen Vertrag eingehen wollte als denjenigen, für den er seine Zustimmung erklärt hat;

2. wenn der Wille des Irrenden auf eine andere Sache oder, wo der Vertrag mit Rücksicht auf eine bestimmte Person abgeschlossen wurde, auf eine andere Person gerichtet war, als er erklärt hat;

3. wenn der Irrende eine Leistung von erheblich größerem Umfang versprochen hat oder eine Gegenleistung von erheblich geringerem Umfange sich hat versprechen lassen, als es sein Wille war;

4. wenn der Irrtum einen bestimmten Sachverhalt betraf, der vom Irrenden nach Treu und Glauben im Geschäftsverkehr als eine notwendige Grundlage des Vertrages betrachtet wurde.

Bezieht sich dagegen der Irrtum nur auf den Beweggrund zum Vertragsabschlusse, so ist er nicht wesentlich.

Bloße Rechnungsfehler hindern die Verbindlichkeit des Vertrages nicht, sind aber zu berichtigen.

Art. 25

Die Berufung auf den Irrtum ist unstatthaft, wenn sie Treu und Glauben widerspricht.

Insbesondere muß der Irrende den Vertrag gelten lassen, wie er ihn verstanden hat, sobald der andere sich hiezu bereit erklärt.

Art. 26

Hat der Irrende, der den Vertrag nicht gegen sich gelten läßt, seinen Irrtum der eigenen Fahrlässigkeit zuzuschreiben, so ist er zum Ersatze des aus dem Dahinfallen des Vertrages erwachsenen Schadens verpflichtet, es sei denn, daß der andere den Irrtum gekannt habe oder hätte kennen sollen.

Wo es der Billigkeit entspricht, kann der Richter auf Ersatz weiteren Schadens erkennen.

Art. 27

Wird beim Vertragsabschluß Antrag oder Annahme durch einen Boten oder auf andere Weise unrichtig übermittelt, so finden die Vorschriften über den Irrtum entsprechende Anwendung.

Art. 28

Ist ein Vertragschließender durch absichtliche Täuschung seitens des andern zu dem Vertragsabschluß verleitet worden, so ist der Vertrag für ihn auch dann nicht verbindlich, wenn der erregte Irrtum kein wesentlicher war.

Die von einem Dritten verübte absichtliche Täuschung hindert die Verbindlichkeit für den Getäuschten nur, wenn der andere zur Zeit des Vertragsabschlusses die Täuschung gekannt hat oder hätte kennen sollen.

Art. 29

Ist ein Vertragschließender von dem andern oder von einem Dritten widerrechtlich durch Erregung gegründeter Furcht zur Eingehung eines Vertrages bestimmt worden, so ist der Vertrag für den Bedrohten unverbindlich.

Ist die Drohung von einem Dritten ausgegangen, so hat, wo es der Billigkeit entspricht, der Bedrohte, der den Vertrag nicht halten will, dem andern, wenn dieser die Drohung weder gekannt hat noch hätte kennen sollen, Entschädigung zu leisten.

Art. 30

Die Furcht ist für denjenigen eine gegründete, der nach den Umständen annehmen muß, daß er oder eine ihm nahe verbundene Person an Leib und Leben, Ehre oder Vermögen mit einer nahen und erheblichen Gefahr bedroht sei.

Die Furcht vor der Geltendmachung eines Rechtes wird nur dann berücksichtigt, wenn die Notlage des Bedrohten benutzt worden ist, um ihm die Einräumung übermäßiger Vorteile abzunötigen.

Art. 31

Wenn der durch Irrtum, Täuschung oder Furcht beeinflußte Teil binnen Jahresfrist weder dem anderen eröffnet, daß er den Vertrag nicht halte, noch eine schon erfolgte Leistung zurückfordert, so gilt der Vertrag als genehmigt.

Die Frist beginnt in den Fällen des Irrtums und der Täuschung mit der Entdeckung, in den Fällen der Furcht mit deren Beseitigung.

Die Genehmigung eines wegen Täuschung oder Furcht unverbindlichen Vertrages schließt den Anspruch auf Schadenersatz nicht ohne weiteres aus.

Art. 36

Ist dem Bevollmächtigten eine Vollmachtsurkunde ausgestellt worden, so ist er nach dem Erlöschen der Vollmacht zur Rückgabe oder gerichtlichen Hinterlegung der Urkunde verpflichtet.

Wird er von dem Vollmachtgeber oder seinen Rechtsnachfolgern hiezu nicht angehalten, so sind diese den gutgläubigen Dritten für den Schaden verantwortlich.

Art. 54

Aus Billigkeit kann der Richter auch eine nicht urteilsfähige Person, die Schaden verursacht hat, zu teilweisem oder vollständigem Ersatze verurteilen.

Hat jemand vorübergehend die Urteilsfähigkeit verloren und in diesem Zustand Schaden angerichtet, so ist er hiefür ersatzpflichtig, wenn er nicht nachweist, daß dieser Zustand ohne sein Verschulden eingetreten ist.

Art. 64

Die Rückerstattung kann insoweit nicht gefordert werden, als der Empfänger nachweisbar zur Zeit der Rückforderung nicht mehr bereichert ist, es sei denn, daß er sich der Bereicherung entäußerte und hiebei nicht in gutem Glauben war oder doch mit der Rückerstattung rechnen mußte.

SPANIEN

Código civil von 1889

Artt. 4, 1219, 1230, 1261, 1263, 1265–1277, 1293, 1300–1304, 1311, 1312, 1314, 1460

Art. 4

Son nulos los actos ejecutados contra lo dispuesto en la ley, salvo los casos en que la misma ley ordene su validez.

Los derechos concedidos por las leyes son renunciables, a no ser esta renuncia contra el interés o el orden público, o en perjuicio de tercero.

Art. 1219

Las escrituras hechas para desvirtuar otra escritura anterior entre los mismos interesados, sólo producirán efecto contra terceros cuando el contenido de aquéllas hubiese sido anotado en el Registro público competente o al margen de la escritura matriz y del traslado o copia en cuya virtud hubiera procedido el tercero.

Art. 1230

Los documentos privados hechos para alterar lo pactado en escritura pública, no producen efecto contra tercero.

Art. 1261

No hay contrato sino cuando concurren los requisitos siguientes:
1. Consentimiento de los contratantes.
2. Objeto cierto que sea materia del contrato.
3. Causa de la obligación que se establezca.

Art. 1263

No pueden prestar consentimiento:
1. Los menores no emancipados.
2. Los locos o dementes y los sordomudos que no sepan escribir.
3. Las mujeres casadas, en los casos expresados por la ley.

Art. 1265

Será nulo el consentimiento prestado por error, violencia, intimidación o dolo.

Art. 1266

Para que el error invalide el consentimiento, deberá recaer sobre la substancia de la cosa que fuere objeto del contrato, o sobre aquellas condiciones de la misma que principalmente hubiesen dado motivo a celebrarlo.

El error sobre la persona sólo invalidará el contrato cuando la consideración a ella hubiere sido la causa principal del mismo.

El simple error de cuenta sólo dará lugar a su corrección.

Art. 1267

Hay violencia cuando para arrancar el consentimiento se emplea una fuerza irresistible.

Hay intimidación cuando se inspira a uno de los contratantes el temor racional y fundado de sufrir un mal imminente y grave en su persona o bienes, o en la persona o bienes de su cónyuge, descendientes o ascendientes.

Para calificar la intimidación debe atenderse a la edad, al sexo y a la condición de la persona.

El temor de desagradar a las personas a quienes se debe sumisión y respeto no anulará el contrato.

Art. 1268

La violencia o intimidación anularán la obligación, aunque se hayan empleado por un tercero que no intervenga en el contrato.

Art. 1269

Hay dolo cuando, con palabras o maquinaciones insidiosas de parte de uno de los contratantes, es inducido el otro a celebrar un contrato que, sin ellas, no hubiera hecho.

Art. 1270

Para que el dolo produzca la nulidad de los contratos deberá ser grave y no haber sido empleado por las dos partes contratantes.

El dolo incidental sólo obliga al que lo empleó a indemnizar daños y perjuicios.

Art. 1271

Pueden ser objeto de contrato todas las cosas que no están fuera del comercio de los hombres, aun las futuras.

Sobre la herencia futura no se podrá, sin embargo, celebrar otros contratos que aquellos cuyo objeto sea practicar entre vivos la división de un caudal conforme al artículo 1056.

Pueden ser igualmente objeto de contrato todos los servicios que no sean contrarios a las leyes o a las buenas costumbres.

Art. 1272

No podrán ser objeto de contrato las cosas o servicios imposibles.

Art. 1273

El objeto de todo contrato debe ser una cosa determinada en cuanto a su especie. La indeterminación en la cantidad no será obstáculo para la existencia del contrato, siempre que sea posible determinarla sin necesidad de nuevo convenio entre los contratantes.

Art. 1274

En los contratos onerosos se entiende por causa, para cada parte contratante, la prestación o promesa de una cosa o servicio por la otra parte; en los remuneratorios, el servicio o beneficio que se remunera, y en los de pura beneficencia, la mera liberalidad del bienhechor.

Art. 1275

Los contratos sin causa, o con causa ilícita, no producen efecto alguno. Es ilícita la causa cuando se opone a las leyes o a la moral.

Art. 1276

La expresión de una causa falsa en los contratos dará lugar a la nulidad, si no se probase que estaban fundados en otra verdadera y lícita.

Art. 1277

Aunque la causa no se exprese en el contrato, se presume que existe y que es lícita mientras el deudor no pruebe lo contrario.

Art. 1293

Ningún contrato se rescindirá por lesión, fuera de los casos mencionados en los números 1° y 2° del artículo 1291.

Art. 1300

Los contratos en que concurran los requisitos que expresa el artículo 1261 pueden ser anulados, aunque no haya lesión para los contratantes, siempre que adolezcan de algunos de los vicios que los invalidan con arreglo a la ley.

Art. 1301

La acción de nulidad sólo durará cuatro años.

Este tiempo empezará a correr:

En los casos de intimidación o violencia, desde el día en que éstas hubiesen cesado.

En los de error o dolo, o falsedad de la causa, desde la consumación del contrato.

Cuando la acción se dirija a invalidar contratos hechos por mujer casada, sin licencia o autorización competente, desde el día de la disclución del matrimonio.

Y cuando se refiera a los contratos celebrados por los menores o incapacitados, desde que salieren de tutela.

Art. 1302

Pueden ejercitar la acción de nulidad de los contratos los obligados principal o subsidiariamente en virtud de ellos. Las personas capaces no podrán, sin embargo, alegar la incapacidad de aquellos con quienes contrataron, ni los que causaron la intimidación o violencia o emplearon el dolo o produjeron el error, podrán fundar su acción en estos vicios del contrato.

Art. 1303

Declarada la nulidad de una obligación, los contratantes deben restituirse recíprocamente las cosas que hubiesen sido materia del contrato, con sus frutos, y el precio con los intereses, salvo lo que se dispone en los artículos siguientes.

Art. 1304

Cuando la nulidad proceda de la incapacidad de uno de los contratantes, no está obligado el incapaz a restituir sino en cuanto se enriqueció con la cosa o precio que recibiera.

Art. 1311

La confirmación puede hacerse expresa o tácitamente. Se entenderá que hay confirmación tácita cuando con conocimiento de la causa de nulidad, y habiendo ésta cesado, el que tuviese derecho a invocarla ejecutase un acto que implique necesariamente la voluntad de renunciarlo.

Art. 1312

La confirmación no necesita el concurso de aquel de los contratantes a quien no correspondiese ejercitar la acción de nulidad.

Art. 1314

También se extinguirá la acción de nulidad de los contratos cuando la cosa, objeto de éstos, se hubiese perdido por dolo o culpa del que pudiera ejercitar aquélla.

Si la causa de la acción fuere la incapacidad de alguno de los contratantes, la pérdida de la cosa no será obstáculo para que la acción prevalezca, a menos que hubiese ocurrido por dolo o culpa del reclamante después de haber adquirido la capacidad.

Art. 1460

Si al tiempo de celebrarse la venta se hubiese perdido en su totalidad la cosa objeto de la misma, quedará sin efecto el contrato.

Pero si se hubiese perdido sólo en parte, el comprador podrá optar entre desistir del contrato o reclamar la parte existente, abonando su precio en proporción al total convenido.

Código de Comercio von 1885

Art. 344

No se rescindirán las ventas mercantiles por causa de lesión; pero indemnizará daños y perjuicios el contratante que hubiere procedido con malicia o fraude en el contrato o en su cumplimiento, sin perjuicio de la acción criminal.

UNGARN

Zivilgesetzbuch von 1959

(Übersetzung aus Revue de droit hongrois 1960, Nr. 2)

Art. 18 (2)

(2) Les contrats de moindre importance conclus directement par une personne frappée d'incapacité et déjà exécutés ne doivent pas être réputés nuls et sans effet, pour autant qu'il s'agisse de contrats courants dans la vie quotidienne et dont la conclusion ne nécessite aucun discernement particulier.

USA

Uniform Sales Act, 1907

Ss. 2, 5, 7

Section 2

Capacity to buy and sell is regulated by the general law concerning capacity to contract, and to transfer and acquire property.

Where necessaries are sold and delivered to an infant, or to a person who by reason of mental incapacity or drunkenness is incompetent to contract, he must pay a reasonable price therefor.

Necessaries in this section means goods suitable to the condition in life of such infant or other person, and to his actual requirements at the time of delivery.

Section 5

(1) The goods which form the subject of a contract to sell may be either existing goods, owned or possessed by the seller, or goods to be manufactured or acquired by the seller after the making of the contract to sell, in this act called „future goods".

(2) There may be a contract to sell goods, the acquisition of which by the seller depends upon a contingency which may or may not happen.

(3) Where the parties purport to effect a present sale of future goods, the agreement operates as a contract to sell the goods.

Section 7

(1) Where the parties purport to sell specific goods, and the goods without the knowledge of the seller have wholly perished at the time when the agreement is made, the agreement is void.

(2) Where the parties purport to sell specific goods, and the goods without the knowledge of the seller have perished in part or have wholly or in a material part so deteriorated in quality as to be substantially changed in character, the buyer may at his option treat the sale:

(a) As avoided, or

(b) As transferring the property in all of the existing goods or in so much thereof as have not deteriorated, and as binding the buyer to pay the full agreed price if the sale was indivisible, or to pay the agreed price for the goods in which the property passes if the sale was divisible.

Uniform Commercial Code, 1962

Ss. 2–105, 2–205, 2–209, 2–302, 2–306, 2–403 (1), 2–613, 2–702, 2–721

Section 2–105

(1) „Goods" means all things (including specially manufactured goods) which are movable at the time of identification to the contract for sale other than the money in which the price is to be paid, investment securities (Article 8) and things in action. „Goods" also includes the unborn young of animals and growing crops and other identified things attached to realty as described in the section on goods to be severed from realty (Section 2–107).

(2) Goods must be both existing and identified before any interest in them can pass. Goods which are not both existing and identified are „future" goods. A purported present sale of future goods or of any interest therein operates as a contract to sell.

(3) There may be a sale of a part interest in existing identified goods.

(4) An undivided share in an identified bulk of fungible goods is sufficiently identified to be sold although the quantity of the bulk is not determined. Any agreed proportion of such a bulk or any quantity thereof agreed upon by number, weight or other measure may to the extent of the seller's interest in the bulk be sold to the buyer who then becomes an owner in common.

(5) „Lot" means a parcel or a single article which is the subject matter of a separate sale or delivery, whether or not it is sufficient to perform the contract.

(6) „Commercial unit" means such a unit of goods as by commercial usage is a single whole for purposes of sale and division of which materially impairs its character or value on the market or in use. A commercial unit may be a single article (as a machine) or a set of articles (as a suite of furniture or an assortment of sizes) or a quantity (as a bale, gross, or carload) or any other unit treated in use or in the relevant market as a single whole.

Section 2–205

An offer by a merchant to buy or sell goods in a signed writing which by its terms gives assurance that it will be held open is not revocable, for lack of consideration, during the time stated or if no time is stated for a reasonable time, but in no event may such period of irrevocability exceed three months; but any such term of assurance on a form supplied by the offeree must be separately signed by the offeror.

Section 2–209

(1) An agreement modifying a contract within this Article needs no consideration to be binding.

(2) A signed agreement which excludes modification or rescission except by a signed writing cannot be otherwise modified or rescinded, but except as between merchants such a requirement on a form supplied by the merchant must be separately signed by the other party.

(3) The requirements of the statute of frauds section of this Article (Section 2–201) must be satisfied if the contract as modified is within its provisions.

(4) Although an attempt at modification or rescission does not satisfy the requirements of subsection (2) or (3) it can operate as a waiver.

(5) A party who has made a waiver affecting an executory portion of the contract may retract the waiver by reasonable notification received by the other party that strict performance will be required of any term waived, unless the retraction would be unjust in view of a material change of position in reliance on the waiver.

Section 2–302

(1) If the court as a matter of law finds the contract or any clause of the contract to have been unconscionable at the time it was made the court may refuse to enforce the contract, or it may enforce the remainder of the contract without the unconscionable clause, or it may so limit the application of any unconscionable clause as to avoid any unconscionable result.

(2) When it is claimed or appears to the court that the contract or any clause thereof may be unconscionable the parties shall be afforded a reasonable opportunity to present evidence as to its commercial setting, purpose and effect to aid the court in making the determination.

Section 2–306

(1) A term which measures the quantity by the output of the seller or the requirements of the buyer means such actual output or requirements as may occur in good faith, except that no quantity unreasonably disproportionate to any stated estimate or in the absence of a stated estimate to any normal or otherwise comparable prior output or requirements may be tendered or demanded.

(2) A lawful agreement by either the seller or the buyer for exclusive dealing in the kind of goods concerned imposes unless otherwise agreed an obligation by the seller to use best efforts to supply the goods and by the buyer to use best efforts to promote their sale.

Section 2–403 (1)

(1) A purchaser of goods acquires all title which his transferor had or had power to transfer except that a purchaser of a limited interest acquires rights only to the extent of the interest purchased. A person with voidable title has power to transfer a good title to a good faith purchaser for value. When goods have been delivered under a transaction of purchase the purchaser has such power even though

(a) the transferor was deceived as to the identity of the purchaser, or

(b) the delivery was in exchange for a check which is later dishonored, or

(c) it was agreed that the transaction was to be a „cash sale", or

(d) the delivery was procured through fraud punishable as larcenous under the criminal law.

Section 2–613

Where the contract requires for its performance goods identified when the contract is made, and the goods suffer casualty without fault of either party before the risk of loss passes to the buyer, or in a proper case under a „no arrival, no sale" term (Section 2–324) then

(a) if the loss is total the contract is avoided; and

(b) if the loss is partial or the goods have so deteriorated as no longer to conform to the contract the buyer may nevertheless demand inspection and at his option either treat the contract as avoided or accept the goods with due allowance from the contract price for the deterioration or the deficiency in quantity but without further right against the seller.

Section 2–702

(1) Where the seller discovers the buyer to be insolvent he may refuse delivery except for cash including payment for all goods theretofore delivered under the contract, and stop delivery under this Article (Section 2–705).

(2) Where the seller discovers that the buyer has received goods on credit while insolvent he may reclaim the goods upon demand made within ten days after the receipt, but if misrepresentation of solvency has been made to the particular seller in writing within three months before delivery the ten days limitation does not apply. Except as provided in this subsection the seller may not base a right to reclaim goods on the buyer's fraudulent or innocent misrepresentation of solvency or of intent to pay.

(3) The seller's right to reclaim under subsection (2) is subject to the rights of a buyer in ordinary course or other good faith purchaser or lien creditor under this Article (Section 2–403). Successful reclamation of goods excludes all other remedies with respect to them.

Section 2–721

Remedies for material misrepresentation or fraud include all remedies available under this Article for non-fraudulent breach. Neither rescission or a claim for rescission of the contract for sale nor rejection or return of the goods shall bar or be deemed inconsistent with a claim for damages or other remedy.

Restatement of the Law of Contracts (1932)

Ss. 32, 71, 75, 76, 80, 81, 84, 274, 367, 381, 384, 405, 454, 456, 471–477, 480, 483, 484, 487, 492–495, 498, 499, 502, 503, 505, 507, 509, 510, 512, 549

Section 32

An offer must be so definite in its terms, or require such definite terms in the acceptance, that the promises and performances to be rendered by each party are reasonably certain.

Section 71

Except as stated in §§ 55, 70, the undisclosed understanding of either party of the meaning of his own words and other acts, or of the other party's words and other acts, is material in the formation of contracts in the following cases and in no others:

(a) If the manifestations of intention of either party are uncertain or ambiguous, and he has no reason to know that they may bear a different meaning to the other party from that which he himself attaches to them, his manifestations are operative in the formation of a contract only in the event that the other party attaches to them the same meaning.

(b) If both parties know or have reason to know that the manifestations of one of them are uncertain or ambiguous and the parties attach different meanings to the manifestations, this difference prevents the uncertain or ambiguous manifestations from being operative as an offer or an acceptance.

(c) If either party knows that the other does not intend what his words or other acts express, this knowledge prevents such words or other acts from being operative as an offer or an acceptance.

Section 75

(1) Consideration for a promise is
(a) an act other than a promise, or
(b) a forbearance, or
(c) the creation, modification or destruction of a legal relation, or
(d) a return promise,
bargained for and given in exchange for the promise.

(2) Consideration may be given to the promisor or to some other person. It may be given by the promisee or by some other person.

Section 76

Any consideration that is not a promise is sufficient to satisfy the requirement of § 19 (c), except the following:

(a) An act or forbearance required by a legal duty that is neither doubtful nor the subject of honest and reasonable dispute if the duty is owed either to the promisor or to the public, or, if imposed by the law of torts or crimes, is owed to any person;

(b) The surrender of, or forbearance to assert an invalid claim or defense by one who has not an honest and reasonable belief in its possible validity;

(c) The transfer of money or fungible goods as consideration for a promise to transfer at the same time and place a larger amount of money or goods of the same kind and quality.

Section 80

Except as stated in § 84 (e), a promise which is neither binding nor capable of becoming binding by acceptance of its terms is insufficient consideration, unless its invalidity is caused by such illegality as does not preclude the existence of a duty on the part of the return promisor under the rules stated in §§ 599–609.

Section 81

Except as this rule is qualified by §§ 76, 78–80, gain or advantage to the promisor or loss or disadvantage to the promisee, or the relative values of a promise and the consideration for it, do not affect the sufficiency of consideration.

Section 84

Consideration is not insufficient because of the fact

(a) that obtaining it was not the motive or a material cause inducing the promisor to make the promise, or

(b) that part of it does not comply with the requirements of sufficiency, or

(c) that the party giving the consideration is then bound by a duty owed to the promisor or to the public, or by any duty imposed by the law of torts or crimes, to render some performance similar to that given or promised if the act or forbearance given or promised as consideration differs in any way from what was previously due, or

(d) that the party giving the consideration is then bound by a contractual or quasi-contractual duty to a third person to perform the act or forbearance given or promised as consideration, or

(e) that it is a promise, and a special privilege not expressly reserved in the promise but given by the law, makes the promise or the whole agreement unenforceable or voidable, or

(f) that it is a promise, performance of which is conditional on either a future or past event, if when the promise is made there is any possibility, or there would seem to a reasonable man in the position of the promisor to be any possibility, that the promise can be performed only by some act or forbearance which would be sufficient consideration.

Section 274

(1) In promises for an agreed exchange, any material failure of performance by one party not justified by the conduct of the other discharges the latter's duty to give the agreed exchange even though his promise is not in terms conditional. An immaterial failure does not operate as such a discharge.

(2) The rule of Subsection (1) is applicable though the failure of performance is not a violation of legal duty.

Section 367

Specific enforcement of a contract may be refused if

(a) the consideration for it is grossly inadequate or its terms are otherwise unfair, or

(b) its enforcement will cause unreasonable or disproportionate hardship or loss to the defendant or to third persons, or

(c) it was induced by some sharp practice, misrepresentation, or mistake.

Section 381

(1) When the alternative remedies of damages and restitution are available to a party injured by a breach, his manifested choice of one of them by bringing suit or otherwise, followed by a material change of position by the other party in reliance thereon, is a bar to the other alternative remedy.

(2) The bringing of an action for one of these remedies is a bar to the alternative one unless the plaintiff shows reasonable ground for making the change of remedy.

Section 384

(1) Damages and restitution are alternative remedies, only one of which will be given as a remedy for a breach of contract.

(2) Specific performance and compensation in money are not alternative remedies, and both forms of relief may be given in the same proceeding; but compensation will not be awarded for an injury that an existing decree is intended to prevent, and specific performance will not be decreed for the prevention of an injury for which there is an existing award of compensation.

Section 405

(1) A contract by which one party promises never to sue the other party, or a third person for the enforcement of a specified right, or not to do so for a

limited time, bars an action for that purpose during the agreed time, except as stated in Subsection (2).

(2) Where there is such a contract as is stated in Subsection (1), and another person is jointly bound with the promisee thereunder, or with the third person, for the performance of the duty to which that contract relates, the promise does not bar an immediate action against the joint debtors, or the recovery of judgement against them except as stated in Subsection (3), but levy of execution on the property of the promisee or the third person is precluded during the agreed time.

(3) The discharge of a surety by a contract of the creditor with the principal debtor is governed by the law of suretyship and is not within the scope of the Restatement of Contracts.

Section 454

In the Restatement of this Subject impossibility means not only strict impossibility but impracticability because of extreme and unreasonable difficulty, expense, injury or loss involved.

Section 456

Except as stated in § 455, or where a contrary intention is manifested, a promise imposes no duty if performance of the promise is impossible because of facts existing when the promise is made of which the promisor neither knows nor has reason to know.

Section 471

„Fraud" in the Restatement of this Subject unless accompanied by qualifying words, means

(a) misrepresentation known to be such, or

(b) concealment, or

(c) non-disclosure where it is not privileged,

by any person intending or expecting thereby to cause a mistake by another to exist or to continue, in order to induce the latter to enter into or refrain from entering into a transaction; except as this definition is qualified by the rules stated in § 474.

Section 472

(1) There is no privilege of non-disclosure, by a party who

(a) has previously made a misrepresentation, either innocently or without any intention or expectation that it would induce conduct and subsequently before a transaction has been induced thereby is aware of the facts and intends or expects that conduct will be induced by the mistake, or

(b) knows that the other party is acting under a mistake as to undisclosed material facts, and the mistake if mutual would render voidable a transaction caused by relying thereon, or

(c) occupies such a relation to the other party as to justify the latter in expecting that his interests will be cared for, or

(d) is denied immunity for non-disclosure by any special rules of law.

(2) Where non-disclosure is not privileged it has the effect of a material misrepresentation.

Section 473

A contractual promise made with the undisclosed intention of not performing it is fraud.

Section 474

A manifestation that the person making has no reason to expect to be understood as more than an expression of his opinion, though made also with the intent or expectation stated in § 471, is not fraud or a material misrepresentation, unless made by

(a) one who has, or purports to have expert knowledge of the matter, or

(b) one whose manifestation is an intentional misrepresentation and varies so far from the truth that no reasonable man in his position could have such an opinion.

Section 475

Where there is fraud or misrepresentation by one person likely to cause and that does cause another, without negligence on his part, to believe that an act that he does is not a manifestation of assent to any transaction or is a manifestation of assent to a transaction entirely different from that which would be created if there were no mistake as to the facts, the act does not affect his contractual relations.

Section 476

(1) Where a party is induced to enter into a transaction with another party that he was under no duty to enter into by means of the latter's fraud or material misrepresentation, the transaction is voidable as against the latter and all who stand in no better position, subject to the qualifications stated in §§ 480, 481, 486, and with the exceptions stated in Subsections (2, 3).

(2) Where a transaction is voidable because of a misrepresentation innocently made and the facts become in accordance with the representation before notification by the deceived party of an intent to avoid the transaction, it is no longer voidable.

(3) Where a transaction entered into by an agent or by one who purports to be an agent is induced by his fraudulent misrepresentation of authority and he obtains authority before notification by the deceived party of an intent to avoid the transaction, it is no longer voidable.

Section 477

Fraud or material misrepresentation by a third person renders a transaction voidable by a party induced thereby to enter into it if the other party thereto

(a) has reason to know of the fraud or misrepresentation before he has given or promised in good faith something of value in the transaction or changed his position materially by reason of the transaction, or

(b) is affected by the fraud or misrepresentation under the law of Agency or of Trusts.

Section 480

(1) The power of any party, other than the United States or of one of them, to avoid a transaction for fraud or misrepresentation is conditional on an offer made promptly after acquiring knowledge of the fraud or misrepresentation

to return the amount of any money or other performance received as part of the transaction, in substantially as good condition as when received by him, except as stated in Subsection (2) and in § 481.

(2) A failure to return or offer to return performance received in accordance with the rule stated in Subsection (1) does not preclude avoidance if the performance

(a) was wholly worthless, or

(b) has been destroyed or injured by the party to whom it should be returned, or has perished or deteriorated because of its failure to possess qualities represented by him, or

(c) is merely money paid, the amount of which can be credited in partial cancellation of the injured party's claim, or

(d) is one for which a price has been apportioned by the contract and that price if paid is not included in the demand for restitution, or

(e) constitutes a comparatively small part of the whole consideration and either is of such a nature that its return has been from the time of its receipt impossible, or it has been disposed of by the injured party without reason to know of the fraud or misrepresentation. In such a case if the injured party seeks an affirmative judgment, the value of what he has received must be credited in partial cancellation of his claim.

(3) An offer to return performance received is not made insufficient by the fact that it is conditional on receiving restitution.

Section 483

(1) The power of avoidance for fraud or misrepresentation is lost if after acquiring knowledge thereof the injured party unreasonably delays manifesting to the other party his intention to avoid the transaction.

(2) In determining the unreasonableness of delay the following circumstances are influential:

(a) the speculative character of the contract whereby prolongation of the power to affirm or to avoid would give an advantage to the injured party or increase the loss of the other party;

(b) the likelihood that the party guilty of the fraud or misrepresentation will materially change his position, or the welfare of a third person be unjustly prejudiced by delay;

(c) the fact that change of position by the party guilty of the fraud or misrepresentation, or prejudice to a third person, has in fact occurred during a period of delay in manifestation of intention.

Section 484

The power of avoidance for fraud or misrepresentation is lost if the injured party after acquiring knowledge of the fraud or misrepresentation manifests to the other party to the transaction an intention to affirm it, or exercises dominion over things restoration of which is a condition of his power of avoidance, except as stated in § 482.

Section 487

A transaction voidable for fraud or misrepresentation cannot be avoided in part, except that where an entire instalment of a divisible contract has been fully performed on one or both sides the other portions of the contract can be avoided.

Section 492

Duress in the Restatement of this Subject means

(a) any wrongful act of one person that compels a manifestation of apparent assent by another to a transaction without his volition, or

(b) any wrongful threat of one person by words or other conduct that induces another to enter into a transaction under the influence of such fear as precludes him from exercising free will and judgment, if the threat was intended or should reasonable have been expected to operate as an inducement.

Section 493

Duress may be exercised by

(a) personal violence or a threat thereof, or

(b) imprisonment, or threat of imprisonment, except where the imprisonment brought about or threatened is for the enforcement of a civil claim, and is made in good faith in accordance with law, or

(c) threats of physical injury, or of wrongful imprisonment or prosecution of a husband, wife, child, or other near relative, or

(d) threats of wrongfully destroying, injuring, seizing or withholding land or other things, or

(e) any other wrongful acts

that compel a person to manifest apparent assent to a transaction without his volition or cause such fear as to preclude him from exercising free will and judgment in entering into a transaction.

Section 494

Where duress by one person compels another to perform physical acts manifesting apparent assent to a transaction the transaction does not affect his contractual relations if the pary under compulsion

(a) does not know or have reason to know the nature of the transaction to which he apparently manifests assent, or

(b) is a mere mechanical instrument without directing will in performing the acts apparently indicating assent.

Section 495

Where the duress of one party induces another to enter into a transaction, the nature of which he knows or has reason to know, and which he was under no duty to enter into, the transaction is voidable against the former and all who stand in no better position, subject to the qualifications stated in § 499.

Section 498

Where a beneficiary enters into a transaction with his fiduciary relating to matters within the scope of the fiduciary relation, the transaction is voidable, unless

(a) it is fair and reasonable, and

(b) is assented to by all parties beneficially interested, with knowledge of their legal rights and of all relevant facts that the fiduciary knows or should know, and

(c) these parties are of competent age and understanding and are not subjected to undue influence.

Section 499

(1) Except as stated in Subsection (2), the power of avoidance and the remedies of an injured party where a transaction is voidable for duress or undue influence, or because of the fiduciary relation of the parties, are the same, and are subject to the same conditions as where a transaction is voidable for fraud under the rules stated in §§ 480–481, 487–491; and the power of avoidance for duress or undue influence is lost under the same circumstances as in case of fraud under the rules stated in §§ 482–484.

(2) Where a transaction is voidable on account of duress or undue influence, or the fiduciary relation of the parties, the power of avoidance is not lost while the circumstances that rendered the transaction voidable continue to exist.

Section 502

Even though there is no such mistake as would deprive the acts of the parties of any effect on their contractual relations under the rules stated in §§ 49, 71, 456, where parties on entering into a transaction that affects their contractual relations are both under a mistake regarding a fact assumed by them as the basis on which they entered into the transaction, it is voidable by either party if enforcement of it would be materially more onerous to him than it would have been had the fact been as the parties believed it to be, except

(a) where the welfare of innocent third persons will be unfairly effected, or

(b) where the party seeking to avoid the transaction can obtain reformation or performance of the bargain according to the actual intent of the parties when the transaction was entered into, or

(c) where it is possible by compensation to the party injured by the mistake to put him in as good a position as if the transaction had been what he supposed it to be, and such compensation is given.

Section 503

A mistake of only one party that forms the basis on which he enters into a transaction does not of itself render the transaction voidable; nor do such mistakes of both parties if the respective mistakes relate to different matters; but if the mistakes relate to the same matter, the power of avoidance is not precluded because the mistakes of the parties as to that fact are not the same.

Section 505

Except as stated in §§ 506, 509–511, if one party at the time of the execution of a written instrument knows not only that the writing does not accurately express the intention of the other party as to the terms to be embodied therein, but knows what that intention is, the latter can have the writing reformed so that it will express that intention.

Section 507

Where circumstances justify reformation of a writing, affecting the contractual relations of the parties to the writing, a court may in its discretion without a preliminary decree of reformation give effect to the transaction as if it had been reformed. This also is permissible where the transaction is oral if this is the only reason precluding a decree for reformation.

Section 509

(1) Where a transaction that the parties intended to enter into is within the terms of a Statute of Frauds, a written instrument made by the parties to effect their intention, which fails to do so owing to a mutual mistake, will be reformed to express the intended meaning only in the case stated in Subsection (2); but the mistake precludes enforcement of the transaction by either party except on his assent to modify the writing to correspond to the intended meaning.

(2) Where there has been part performance under a written contract, or where a written conveyance has been made and the writing is not in accordance with an identical intention of both parties at the time of the contract or conveyance, either party can have judgment for reforming the contract or conveyance to express that intention; except that in no case can reformation be granted where it would injure a bona fide purchaser for value.

(3) The Statute of Frauds limits the power of rescission for mistake only

(a) where there is a right of reformation under the rule stated in Subsection (2), or

(b) where there is a written contract for the sale of an interest in land, and lack of part performance alone precludes a right of reformation and the party against whom rescission is sought offers to perform according to the actual intent of the parties when the contract was formed.

Section 510

The availability of the remedy of rescission for mistake is subject to the conditions qualifying or destroying the power of avoidance for fraud that are stated in §§ 480–487.

Section 512

A bargain is illegal within the meaning of the Restatement of this Subject if either its formation or its performance is criminal, tortious, or otherwise opposed to public policy.

Section 549

A bargain by a prosecuting officer with a person accused of crime to recommend to the court a nol. pros. in consideration of the accused becoming a witness for the State, is not illegal. But any other bargain to secure a nol. pros. or the recommendation of a nol. pros., except by the presentation of facts showing that the accused person is not guilty, is illegal.

Restatement of the Law of Torts (1938)

Ss. 525, 549, 552

Section 525

One who fraudulently makes a misrepresentation of fact, opinion, intention or law for the purpose of inducing another to act or refrain from action in reliance thereon in a business transaction is liable to the other for the harm caused to him by his justifiable reliance upon the misrepresentation.

Section 549

The measure of damages which the recipient of a fraudulent misrepresentation is entitled to recover from its maker as damages under the rule stated in § 525 is the pecuniary loss which results from the falsity of the matter misrepresented, including

(a) the difference between the value of the thing bought, sold or exchanged and its purchase price or the value of the thing exchanged for it, and

(b) pecuniary loss suffered otherwise as a consequence of the recipient's reliance upon the truth of the representation.

Section 552

One who in the course of his business or profession supplies information for the guidance of others in their business transactions is subject to liability for harm caused to them by their reliance upon the information if

(a) he fails to exercise that care and competence in obtaining and communicating the information which its recipient is justified in expecting, and

(b) the harm is suffered

(i) by the person or one of the class of persons for whose guidance the information was supplied, and

(ii) because of his justifiable reliance upon it in a transaction in which it was intended to influence his conduct or in a transaction substantially identical therewith.

Restatement of the Law of Agency 2d (1958)

Ss. 259, 264

Section 259

(1) A transaction into which one is induced to enter by reliance upon untrue and material representations as to the subject matter, made by a servant or other agent entrusted with its preliminary or final negotiations, is subject to rescission at the election of the person deceived.

(2) Change of position by the principal:

(a) is a defense if the agent has no power to bind the principal by the misrepresentations;

(b) is not a defense if the principal was liable for the misrepresentations.

Section 264

The rules applicable to representations by servants and other agents are applicable to representations by subservants and other subagents made in connection with transactions conducted for the principal.

Code of Alabama, 1940

Title 7 ss. 107–109, Title 9 ss. 41–43, 56, 57, 59

Title 7

Section 107

Fraud by one, accompanied with damage to the party defrauded, in all cases gives a right of action.

Section 108

Misrepresentations of a material fact, made wilfully to deceive, or recklessly without knowledge, and acted on by the opposite party, or if made by mistake and innocently, and acted on by the opposite party, constitute legal fraud.

Section 109

Suppression of a material fact, which the party is under an obligation to communicate, constitutes fraud. The obligation to communicate may arise from the confidential relations of the parties, or from the particular circumstances of the case.

Title 9

Section 41

Whenever any person shall in good faith, and for a valuable consideration, purchase real estate from an insane person, without notice of such insanity, such contract and conveyance shall not be void, but such insane person may recover from the vendee or those claiming under him, the difference between the market value of such real estate at the time of the sale and the price paid therefor, with interest thereon, and shall have a lien on such real estate to secure the same, and the purchasers from such vendee, without notice of the insanity of the original vendor, shall be protected in like manner and have the benefits of this section.

Section 42

When any person shall in good faith, take a mortgage on real estate from an insane person, without notice of such insanity, such mortgage deed shall not be void; but such insane person may redeem the property so mortgaged at any time prior to a foreclosure, by paying to the mortgagee the amount actually received by said insane person at the time of executing said mortgage, or any balance due thereon, with interest thereon to the date of redemption, and if the mortgage shall have been foreclosed, such insane person may redeem from the vendee at such foreclosure, sale, or those claiming under him, at any time within two years thereafter, by paying to such vendee or those claiming under him, the amount which the vendee at the mortgage foreclosure sale actually paid at said sale for said property, with interest thereon at the rate of eight percent per annum to the date of redemption, together with all lawful charges, as provided for the redemption of property under section 732 of title 7.

Section 43

Except as provided in the preceding sections, and except contracts of fire and tornado insurance wherein the insane person is the beneficiary, all contracts of an insane person are void, but he and his estate shall be liable for necessaries furnished him, which may be recovered upon the same proof and upon the same conditions as if furnished to an infant.

Section 56

Specific performance cannot be enforced against a party to a contract in any of the following cases:

If he has not received an adequate consideration for the contract;

if it is not, as to him, just and reasonable;

if his assent was obtained by the misrepresentation, concealment, circumvention, or unfair practices of any party to whom performance would become due under the contract, or by any promise of such party which has not been substantially fulfilled; or

if his assent was given under the influence of mistake, misapprehension, or surprise, except that where the contract provides for compensation in case of mistake, a mistake within the scope of such provision may be compensated for, and the contract specifically enforced in other respects, if proper to be so enforced.

Section 57

Specific performance cannot be enforced in favor of a party who has not fully and fairly performed all the conditions precedent on his part to the obligation of the other party, except where his failure to perform is only partial, and either entirely immaterial, or capable of being fully compensated, in which case specific performance may be compelled, upon full compensation being made for the default.

Section 59

When, through fraud, or a mutual mistake of the parties, or a mistake of one party, which the other at the time knew or suspected, a written contract does not truly express the inention of the parties, it may be revised by a court of equity on the application of the party aggrieved, so as to express that intention, so far as it can be done without prejudice to the rights acquired by third persons, in good faith and for value.

Arizona Revised Statute, 1956

Section 12–543

There shall be commenced and prosecuted within three years after the cause of action accrues, and not afterward, the following actions:

1. For debt where the indebtedness is not evidenced by a contract in writing.
2. Upon stated or open accounts other than such mutual and current accounts as concern the trade of merchandise between merchant and merchant, their factors or agents, but no item of a stated or open account shall be barred so long as any item thereof has been incurred within three years immediately prior to the bringing of an action thereon.
3. For relief on the ground of fraud or mistake, which cause of action shall not be deemed to have accrued until the discovery by the aggrieved party of the facts constituting the fraud or mistake.

Civil Code of California, 1937

Ss. 33–35, 38–40, 1550, 1570, 1572, 1573, 1577, 1578, 1596–1599, 1605–1615, 1667, 1689, 1691, 2235, 3343, 3391, 3399

Section 33

A minor cannot give a delegation of power, nor, under the age of eighteen, make a contract relating to real property, or any interest therein, or relating to any personal property not in his immediate possession or control.

Section 34

A minor may make any other contract than as above specified, in the same manner as an adult, subject only to his power of disaffirmance under the provisions of this title, and subject to the provisions of the titles on marriage, and on master and servant.

Section 35

In all cases other than those specified in sections thirty-six and thirty-seven, the contract of a minor, if made whilst he is under the age of eighteen, may be disaffirmed by the minor himself, either before his majority or within a reasonable time afterwards; or, in case of his death within that period, by his heirs or personal representatives; and if the contract be made by the minor whilst he is over the age of eighteen, it may be disaffirmed in like manner upon restoring the consideration to the party from whom it was received, or paying its equivalent.

Section 38

A person entirely without understanding has no power to make a contract of any kind, but he is liable for the reasonable value of things furnished to him necessary for his support or the support of his family.

Section 39

A conveyance or other contract of a person of unsound mind, but not entirely without understanding, made before his incapacity has been judicially determined, is subject to rescission, as provided in the chapter on rescission of this code.

Section 40

After his incapacity has been judicially determined, a person of unsound mind can make no conveyance or other contract, nor delegate any power or waive any right, until his restoration to capacity. But a certificate from the medical superintendent or resident physician of the insane asylum to which such person may have been committed, showing that such person had been discharged therefrom, cured and restored to reason, shall establish the presumption of legal capacity in such person from the time of such discharge.

Section 1550

It is essential to the existence of a contract that there should be:

1. Parties capable of contracting;
2. Their consent;
3. A lawful object; and,
4. A sufficient cause or consideration.

Section 1570

Menace consists in a threat:

1. Of such duress as is specified in subdivisions one and three of the last section;
2. Of unlawful and violent injury to the person or property of any such person as is specified in the last section; or,
3. Of injury to the character of any such person.

Section 1572

Actual fraud, within the meaning of this chapter, consists in any of the following acts committed, by a party to the contract, or with his connivance, with intent to deceive another party thereto, or to induce him to enter into the contract:

1. The suggestion, as a fact, of that which is not true, by one who does not believe it to be true;
2. The positive assertion, in a manner not warranted by the information of the person making it, of that which is not true though he believes it to be true;
3. The suppression of that which is true, by one having knowledge or belief of the fact;
4. A promise made without any intention of performing it; or,
5. Any other act fitted to deceive.

Section 1573

Constructive fraud consists:

1. In any breach of duty which, without an actually fraudulent intent, gains an advantage to the person in fault, or anyone claiming under him, by misleading another to his prejudice, or to the prejudice of anyone claiming under him; or
2. In any such act or omission as the law specially declares to be fraudulent, without respect to actual fraud.

Section 1577

Mistake of fact is a mistake, not caused by the neglect of a legal duty on the part of the person making the mistake, and consisting in:

1. An unconscious ignorance or forgetfulness of a fact past or present, material to the contract; or
2. Belief in the present existence of a thing material to the contract, which does not exist, or in the past existence of such a thing, which has not existed.

Section 1578

Mistake of law constitutes a mistake, within the meaning of this article, only when it arises from:

1. A misapprehension of the law by all parties, all supposing that they knew and understood it, and all making substantially the same mistake as to the law; or,
2. A misapprehension of the law by one party, of which the others are aware at the time of contracting, but which they do not rectify.

Section 1596

The object of a contract must be lawful when the contract is made, and possible and ascertainable by the time the contract is to be performed.

Section 1597

Everything is deemed possible except that which is impossible in the nature of things.

Section 1598

Where a contract has but a single object, and such object is unlawful, whether in whole or in part, or wholly impossible of performance, or so vaguely expressed as to be wholly unascertainable, the entire contract is void.

Section 1599

Where a contract has several distinct objects, of which one at least is lawful, and one at least is unlawful, in whole or in part, the contract is void as to the latter and valid as to the rest.

Section 1605

Any benefit conferred, or agreed to be conferred, upon the promisor, by any other person, to which the promisor is not lawfully entitled, or any prejudice suffered, or agreed to be suffered, by such person, other than such as he is at the time of consent lawfully bound to suffer, as an inducement to the promisor, is a good consideration for a promise.

Section 1606

An existing legal obligation resting upon the promisor, or a moral obligation originating in some benefit conferred upon the promisor, or prejudice suffered by the promisee, is also a good consideration for a promise, to an extent corresponding with the extent of the obligation, but no further or otherwise.

Section 1607

The consideration of a contract must be lawful within the meaning of section sixteen hundred and sixty-seven.

Section 1608

If any part of a single consideration for one or more objects, or of several considerations for a single object, is unlawful, the entire contract is void.

Section 1609

A consideration may be executed or executory, in whole or in part. In so far as it is executory it is subject to the provisions of chapter four of this title.

Section 1610

When a consideration is executory, it is not indispensable that the contract should specify its amount or the means of ascertaining it. It may be left to the decision of a third person, or regulated by any specified standard.

Section 1611

When a contract does not determine the amount of the consideration, nor the method by which it is to be ascertained, or when it leaves the amount thereof to the discretion of an interested party, the consideration must be so much money as the object of the contract is reasonably worth.

Section 1612

Where a contract provides an exclusive method by which its consideration is to be ascertained, which method is on its face impossible of execution, the entire contract is void; but this section shall not apply to the cases provided for in sections 1729 and 1730 of this code.

Section 1613

Where a contract provides an exclusive method by which its consideration is to be ascertained, which method appears possible on its face, but in fact is, or becomes impossible of execution, such provision only is void; but this section shall not apply to the cases provided for in sections 1729 and 1730 of this code.

Section 1614

A written instrument is presumptive evidence of a consideration.

Section 1615

The burden of showing a want of consideration sufficient to support an instrument lies with the party seeking to invalidate or avoid it.

Section 1667

That is not lawful which is:
1. Contrary to an express provision of law;
2. Contrary to the policy of express law, though not expressly prohibited; or,
3. Otherwise contrary to good morals.

Section 1689

(a) A contract may be rescinded if all the parties thereto consent.

(b) A party to a contract may rescind the contract in the following cases:

(1) If the consent of the party rescinding, or of any party jointly contracting with him, was given by mistake, or obtained through duress, menace, fraud, or undue influence, exercised by or with the connivance of the party as to whom he rescinds, or of any other party to the contract jointly interested with such party.

(2) If the consideration for the obligation of the rescinding party fails, in whole or in part, through the fault of the party as to whom he rescinds.

(3) If the consideration for the obligation of the rescinding party becomes entirely void from any cause.

(4) If the consideration for the obligation of the rescinding party, before it is rendered to him, fails in a material respect from any cause.

(5) If the contract is unlawful for causes which do not appear in its terms or conditions, and the parties are not equally at fault.

(6) If the public interest will be prejudiced by permitting the contract to stand.

(7) Under the circumstances provided for in Sections 39, 1533, 1566, 1785, 1789, 1930 and 2314 of this code, Section 2470 of the Corporations Code, Sections 331, 338, 359, 447, 1904 and 2030 of the Insurance Code or any other statute providing for rescission.

Section 1691

Subject to Section 1693, to effect a rescission a party to the contract must, promptly upon discovering the facts which entitle him to rescind if he is free from duress, menace, undue influence or disability and is aware of his right to rescind:

(a) Give notice of rescission to the party as to whom he rescinds; and

(b) Restore to the other party everything of value which he has received from him under the contract or offer to restore the same upon condition that the other party do likewise, unless the latter is unable or positively refuses to do so.

When notice of rescission has not otherwise been given or an offer to restore the benefits received under the contract has not otherwise been made, the service of a pleading in an action or proceeding that seeks relief based on rescission shall be deemed to be such notice or offer or both.

Section 2235

All transactions between a trustee and his beneficiary during the existence of the trust, or while the influence acquired by the trustee remains, by which he obtains any advantage from his beneficiary, are presumed to be entered into by the latter without sufficient consideration, and under undue influence. The presumptions established by this section do not apply to the provisions of an agreement between a trustee and his beneficiary relating to the hiring or compensation of the trustee.

Section 3343

One defrauded in the purchase, sale or exchange of property is entitled to recover the difference between the actual value of that with which the defrauded person parted and the actual value of that which he received, together with any additional damage arising from the particular transaction.

Nothing herein contained shall be deemed to deny to any person having a cause of action for fraud or deceit any legal or equitable remedies to which such person may be entitled.

Section 3391

Specific performance cannot be enforced against a party to a contract in any of the following cases:

1. If he has not received an adequate consideration for the contract;
2. If it is not, as to him, just and reasonable;
3. If his assent was obtained by the misrepresentation, concealment, circumvention, or unfair practices of any party to whom performance would become due under the contract, or by any promise of such party which has not been substantially fulfilled; or,
4. If his assent was given under the influence of mistake, misapprehension, or surprise, except that where the contract provides for compensation in case of mistake, a mistake within the scope of such provision may be compensated for, and the contract specifically enforced in other respects, if proper to be so enforced.

Section 3399

When, through fraud or a mutual mistake of the parties, or a mistake of one party, which the other at the time knew or suspected, a written contract does not truly express the intention of the parties, it may be revised, on the application of a party aggrieved, so as to express that intention, so far as it can be done without prejudice to rights acquired by third persons, in good faith and for value.

California Code of Civil Procedure

Section 338 (4)

4. An action for relief on the ground of fraud or mistake. The cause of action in such case not to be deemed to have accrued until the discovery, by the aggrieved party, of the facts constituting the fraud or mistake.

District of Columbia Code, 1961

Section 21–507

Upon the filing of a petition under this chapter, a certified copy of such petition may be filed for record in the office of the Recorder of Deeds of the District of Columbia. If a conservator be appointed on such petition, all contracts, except for necessaries, and all transfers of real and personal property made by the ward after such filing and before the termination of the conservatorship shall be void.

General Statutes of Connecticut, 1958

Section 45–73

Whenever an application for the appointment of a conservator has been made, if during the pendency of such application the applicant records, with the town clerk of any town within which real estate of the alleged incapable person is situated and with the town clerk of the town in which he resides, an attested copy of such application and of the citation thereon, no conveyance of real estate in such town and no contract made by such person between the time the same is recorded and the time of the adjudication of the court upon such application shall be valid without the approval of such court. If, during the pendency of such application, the applicant lodges with any bank, trust company or other depositary an attested copy of such application and of the citation thereon, no such bank, trust company or depositary shall allow any funds of the alleged incapable person to be withdrawn, between the time such application is lodged and the time of the adjudication of the court thereon, without the approval of such court.

Code of Delaware, 1953

Title 12, s. 3914 (f)

Section 3914 (f)

(f) From the time of the Court's decree appointing a guardian, such person whose property is under guardianship shall be under disability to contract with regard to the property forming the subject matter of the guardianship, during the pendency thereof.

Code of Georgia, 1964

Ss. 20–107, 20–206, 20–301, 20–303, 20–304, 20–306, 20–307, 20–309, 20–310, 20–503, 20–906, 37–202, 37–204, 37–206, 37–207, 37–208, 37–209, 37–211, 37–212, 37–704, 37–710, 37–805

Section 20–107

To constitute a valid contract, there must be parties able to contract, a consideration moving to the contract, the assent of the parties to the terms of the contract, and a subject-matter upon which it can operate.

Section 20–206

The contract of an insane person, a lunatic or a person non compos mentis, who has never been adjudicated to be insane, or a lunatic, or of unsound mind as prescribed by the Code, is not absolutely void, but only voidable, except that a contract made by such person during a lucid interval is valid without ratification. After the fact that such person is insane, a lunatic, or non compos mentis has been established by a court of competent jurisdiction in this State and the affairs of such person are vested in a guardian, the power of such person to contract even though restored to sanity is entirely gone and such contracts are absolutely void, until the guardianship is dissolved. One may recover for necessaries furnished an insane person, a lunatic, or person non compos mentis upon the same proof as if furnished to infants.

Section 20–301

A consideration is essential to a contract which the law will enforce. An executory contract, without such consideration, is called nudum pactum, or a naked promise. In some cases a consideration is presumed, and an averment to the contrary will not be received. Such are generally contracts under seal, and negotiable instruments alleging a consideration upon their face, in the hands of holders in due course, who have received the same before dishonor.

Section 20–303

Considerations are distinguished into good and valuable. A good consideration is such as is founded on natural duty and affection, or on a strong moral obligation. A valuable consideration is founded on money, or something convertible into money, or having a value in money, except marriage, which is a valuable consideration.

Section 20–304

A promise of another is a good consideration for a promise. In mutual subscriptions for a common object, the promise of the others is a good consideration for the promise of each.

Section 20–306

If there be a valid consideration for the promise, it matters not from whom it moves; the promisee may sustain his action, though a stranger to the consideration.

Section 20–307

Mere inadequacy of consideration alone will not void a contract. If the inadequacy be great, it is a strong circumstance to evidence fraud; and in a suit for damages for breach of the contract, the inadequacy of consideration will always enter as an element in estimating the damages.

Section 20–309

An impossible consideration is insufficient to sustain any promise; if the consideration be possible but improbable, however, it is valid.

Section 20–310

If the consideration, apparently good or valuable, fails either wholly or in part before the promise is executed, such failure may be pleaded in defense to the promise. If it be partial, an apportionment must be made according to the facts of each case.

Section 20–503

The free assent of the parties being essential to a valid contract, duress, either of imprisonment or by threats, or other acts, by which the free will of the party is restrained and his consent induced, will render the contract voidable at the instance of the injured party. Legal imprisonment, if not used for illegal purposes, is not duress.

Section 20–906

A contract may be rescinded at the instance of the party defrauded; but in order to rescind he must promptly, upon discovery of the fraud, restore or offer to restore to the other whatever he has received by virtue of the contract, if it be of any value.

Section 37–202

Mistake relievable in equity is some unintentional act, or omission, or error, arising from ignorance, surprise, imposition, or misplaced confidence. This power shall be exercised with caution, and to justify it the evidence shall be clear, unequivocal, and decisive as to the mistake.

Section 37–204

An honest mistake of the law as to the effect of an instrument on the part of both contracting parties, when such mistake operates as a gross injustice to one, and gives an unconscionable advantage to the other, may be relieved in equity.

Section 37–206

In all cases of a mistake of fact material to the contract or other matter affected by it, if the party complaining applies within a reasonable time, equity will relieve.

Section 37–207

Equity will not reform a written contract, unless the mistake is shown to be the mistake of both parties; but it may rescind and cancel upon the ground of mistake of fact material to the contract of one party only.

Section 37–208

A distinction exists between reforming a contract and executing a contract in case of mistake. To authorize the former, the court shall be satisfied by the evidence that the mistake was mutual; but the court may refuse to act in the latter case, if the mistake shall be confined to the party refusing to execute.

Section 37–209

Mere ignorance of the law on the part of the party himself, where the facts are all known, and there is no misplaced confidence, and no artifice or deception or fraudulent practice is used by the other party either to induce the mistake of law or to prevent its correction, shall not authorize the intervention of equity.

Section 37–211

If a party, by reasonable diligence, could have had knowledge of the truth, equity shall not relieve; nor shall the ignorance of a fact, known to the opposite party, justify an interference, if there has been no misplaced confidence, nor misrepresentation, nor other fraudulent act.

Section 37–212

The negligence of the complaining party, preventing relief in equity, is that want of reasonable prudence, the absence of which would be a violation of legal duty. Relief may be granted even in cases of negligence by the complainant, if it appears that the other party has not been prejudiced thereby.

Section 37–704

Suppression of a fact material to be known, and which the party is under an obligation to communicate, constitutes fraud. The obligation to communicate may arise from the confidential relations of the parties or from the particular circumstances of the case.

Section 37–710

Great inadequacy of consideration, joined with great disparity of mental ability in contracting a bargain, may justify equity in setting aside a sale or other contract.

Section 37–805

Mere inadequacy of price, though not sufficient to rescind a contract, may justify a court in refusing to decree a specific performance; so also any other fact showing the contract to be unfair, or injust, or against good conscience.

Code of Idaho, 1948

Ss. 5–218, 32–1003, 32–1006, 32–1007

Section 5–218

Within three years:

1. An action upon a liability created by statute, other than a penalty or forfeiture.
2. An action for trespass upon real property.
3. An action for taking, detaining or injuring any goods or chattels, including actions for the specific recovery of personal property.
4. An action for relief on the ground of fraud or mistake. The cause of action in such case not to be deemed to have accrued until the discovery, by the aggrieved party, of the facts constituting the fraud or mistake.

Section 32–1003

If a parent neglects to provide articles necessary for his child who is under his charge, according to his circumstances, a third person may in good faith supply such necessaries, and recover the reasonable value thereof from the parent.

Section 32–1006

A child born before wedlock becomes legitimate by the subsequent marriage of its parents.

Section 32–1007

The father and mother of a legitimate unmarried minor child are equally entitled to its custody, services and earnings. If either the father or mother be dead or be unable or refuse to take the custody or has abandoned his or her family, the other is entitled to the child's custody, services and earnings.

Revised Statutes of Illinois, 1959

Chapter 3, Section 278

Every note, bill, bond, or other contract by any person who is an adjudged insane, an adjudged mentally ill, an adjudged mentally deficient, an adjudged feeble minded, or an adjudged incompetent person is void as against that person and his estate, but a person making a contract with the adjudged insane, adjudged mentally ill, adjudged mentally deficient, adjudged feeble minded or adjudged incompetent person is bound thereby. Every contract made with an insane, mentally ill, feeble minded or mentally deficient person, an idiot, or an imbecile before the adjudication of insanity, mental illness, feeble mindedness, mental deficiency, or incompetency or with any person thereafter adjudged incompetent after a petition has been filed for the appointment of a conservator, may be avoided except in favor of the person fraudulently making the contract.

Code of Iowa, 1962

Ss. 599.2, 599.3, 614.1, 614.4

Section 599.2

A minor is bound not only by contracts for necessaries, but also by his other contracts, unless he disaffirms them within a reasonable time after he attains his majority, and restores to the other party all money or property received by him by virtue of the contract, and remaining within his control at any time after his attaining his majority, except as otherwise provided.

Section 599.3

No contract can be thus disaffirmed in cases where, on account of the minor's own misrepresentations as to his majority, or from his having engaged in business as an adult, the other party had good reason to believe him capable of contracting.

Section 614.1

Actions may be brought within the times herein limited, respectively, after their causes accrue, and not afterwards, except when otherwise specially declared:

1. *In actions for injuries from defects in roads or streets-notice.* Those founded on injury to the person on account of defective roads, bridges, streets, or sidewalks, within three months, unless written notice specifying the time, place, and circumstances of the injury shall have been served upon the county or municipal corporation to be charged within sixty days from the happening of the injury.

2. *Penalties or forfeitures under ordinance.* Those to enforce the payment of a penalty or forfeiture under an ordinance, within one year.

3. *Injuries to person or reputation – relative rights – statute penalty – setting aside will.* Those founded on injuries to the person or reputation, including injuries to relative rights, whether based on contract or tort, or for a statute penalty, within two years; and those brought to set aside a will, within two years from the time the same is filed in the clerk's office for probate and notice thereof is given; provided that after a will is probated the executor may cause personal service of an original notice to be made on any person interested, which shall contain the name of decedent, the date of his death, the court in which and the date on which the will was probated, together with a copy of said will; said notice shall be served in the same manner as original notices and no action shall be instituted by any person so served after one year from date of service.

4. *Against sheriff or other public officer.* Those against a sheriff or other public officer, growing out of a liability incurred by the doing of an act in an official capacity or by the omission of an official duty, including the nonpayment of money collected on execution, within three years, provided that actions against a sheriff, deputy sheriff, or other peace officer founded on false arrest shall be brought within six months after the exoneration or discharge of the person arrested.

5. *Unwritten contracts – injuries to property – fraud – other actions.* Those founded on unwritten contracts, those brought for injuries to property, or for relief on the ground of fraud in cases heretofore solely cognizable in a court of chancery and all other actions not otherwise provided for in this respect, within five years, except as provided by subsection 9.

6. *Written contracts – judgments of courts not of record – recovery of real property.* Those founded on written contracts, or on judgments of any courts except those provided for in the next subsection, and those brought for the recovery of real property, within ten years.

7. *Judgments of courts of record.* Those founded on a judgment of a court of record, whether of this or of any other of the United States, or of the federal courts of the United States, within twenty years.

8. *Judgment quieting title.* No action shall be brought to set aside a judgment or decree quieting title to real estate unless the same shall be commenced within ten years from and after the rendition thereof.

9. *Wages.* Those founded on claims for wages or for a liability or penalty for failure to pay wages, within two years.

Section 614.4

In actions for relief on the ground of fraud or mistake, and those for trespass to property, the cause of action shall not be deemed to have accrued until the fraud, mistake, or trespass complained of shall have been discovered by the party aggrieved.

Kansas Statutes, 1964

Ss. 38–102, 38–103

Section 38–102

A minor is bound not only by contracts for necessaries, but also by his other contracts, unless he disaffirms them within a reasonable time after he attains his majority, and restores to the other party all money or property received by him by virtue of the contract and remaining within his control at any time after his attaining his majority.

Section 38–103

No contract can be thus disaffirmed in cases where, on account of the minor's own misrepresentations as to his majority, or from his having engaged in business as an adult, the other party had good reasons to believe the minor capable of contracting.

Revised Statutes of Kentucky, 1963

Ss. 371.010 (2), 413.120

Section 371.010 (2)

(2) Upon any promise to pay a debt contracted during infancy, or any ratification of a contract or promise made during infancy.

Section 413.120

The following actions shall be commenced within five years after the cause of action accrued:

(1) An action upon a contract not in writing, express or implied.

(2) An action upon a liability created by statute, when no other time is fixed by the statute creating the liability.

(3) An action for a penalty or forfeiture when no time is fixed by the statute prescribing it.

(4) An action for trespass or real or personal property.

(5) An action for the profits of or damages for withholding real or personal property.

(6) An action for the taking, detaining or injuring personal property, including an action for specific recovery.

(7) An action for an injury to the rights of the plaintiff, not arising on contract and not otherwise enumerated.

(8) An action upon a bill of exchange, check, draft or order, or any endorsement thereof, or upon a promissory note, placed upon the footing of a bill of exchange.

(9) An action to enforce the liability of a steamboat or other vessel.

(10) An action upon a merchant's account for goods sold and delivered, or any article charged in such store account.

(11) An action upon an account concerning the trade of merchandise, between merchant and merchant or their agents.

(12) An action for relief or damages on the ground of fraud or mistake.

(13) An action to enforce the liability of bail.

Civil Code of Louisiana, 1952

Artt. 1758, 1759, 1779, 1781, 1785 (2), 1788 (2), 1789, 1791, 1794, 1821, 1827, 1834, 1836, 1837, 1841–1843, 1846, 1847, 1851–1854, 1856, 1857, 1861–1863, 1866, 1881, 1886, 1887, 1891–1900, 2221, 2222, 2239, 2480, 3542

Art. 1758

Natural obligations are of four kinds:

1. Such obligations as the law has rendered invalid for the want of certain forms or for some reason of general policy, but which are not in themselves immoral or unjust.

2. Such as are made by persons having the discretion necessary to enable them to contract, but who are yet rendered incapable of doing so by some provision of law.

3. When the action is barred by prescription, a natural obligation still subsists, although the civil obligation is extinguished.

4. There is also a natural obligation on those who inherit an estate, either under a will or by legal inheritance, to execute the donations or other dispositions which the former owner had made, but which are defective for want of form only.

Art. 1759

Although natural obligations can not be enforced by action, they have the following effect [effects]:

1. No suit will lie to recover what has been paid, or given in compliance with a natural obligation.

2. A natural obligation is a sufficient consideration for a new contract.

Art. 1779

Four requisites are necessary to the validity of a contract:

1. Parties legally capable of contracting.
2. Their consent legally given.
3. A certain object, which forms the matter of agreement.
4. A lawful purpose.

Art. 1781

The cases, in which consent is implied, are particularly determined by law.

Art. 1785 (2)

2. When the minor has no tutor or one neglects to supply him with necessaries for his support or education, a contract or quasi contract for providing him with what is necessary for those purposes, is valid.

Art. 1788 (2)

2. As to contracts, made prior to the application for the interdiction, they can only be invalidated by proving the incapacity to have existed at the time the contracts were made.

Art. 1789

A temporary derangement of intellect, whether arising from disease, accident or other cause, also creates an incapacity pending its duration, provided the situation of the party and his incapacity were apparent.

Art. 1791

The persons who have treated with a minor, person interdicted, or of insane mind, or with a married woman, can not plead the nullity of the agreement, if it is sought to be enforced by the party, when the disability shall cease, or by those who legally administer the rights of such person during the disability.

Art. 1794

A person who, being ignorant of the incapacity of one unable to contract, shall make an agreement with such person, may, immediately after he has discovered the incapacity, call on the party, if the incapacity has ceased, or on the person having the legal administration of his affairs, if it have not, to confirm or annul the contract; and, if it be a contract of such kind as the administrator might have made, then his assent shall confirm it, or his dissent shall free the contracting party from the obligation on his part. If the assent of a family meeting would have been necessary to authorize the contract, it may be called on the application of the party, and their decision shall have the same effect in confirming or invalidating the contract, that it would have had on its formation.

Art. 1821

That is called error of fact, which proceeds either from ignorance of that which really exists, or from a mistaken belief in the existence of that which has none.

Art. 1827

But wherever the motive is apparent, although not made an express condition, if the error bears on that motive, the contract is void. A promise to give a certain sum to bear the expenses of a marriage, which the party supposes to have taken place, is not obligatory, if there be no marriage.

Art. 1834

Error as to the person, with whom the contract is made, will invalidate it, if the consideration of the person is the principal or only cause of the contract, as it always is in the contract of marriage.

Art. 1836

In onerous contracts, such as sale, exchange, loan for interest, letting and hiring, the consideration of the person is by law generally presumed to be an incidental cause, not a motive for a contract.

Art. 1837

There are exceptions to the rule contained in the last preceding article:

If, from the nature of the onerous contract, it results that any particular skill or quality be required in its execution, which the party with whom the contract is made, is supposed to possess, then the consideration of the person is presumed to be the principal cause, and error as to the person invalidates the contract. Thus, if intending to employ an architect of great eminence, the party addresses himself by mistake to one of the same name, who has little or no skill, the promise made to him for compensation is void; but if anything be done by the person thus employed, who was ignorant of the mistake, a compensation, proportioned to his service, is due.

Art. 1841

Error as to the nature of the contract will render it void.

The nature of the contract is that which characterizes the obligation which it creates. Thus, if the party receives property, and from error or ambiguity in the words accompanying the delivery, believes that he has purchased, while he who delivers intends only to pledge, there is not [no] contract.

Art. 1842

Error as to the thing, which is the subject of the contract, does not invalidate it, unless it bears on the substance or some substantial quality of the thing.

Art. 1843

There is error as to the substance, when the object is of a totally different nature from that which is intended. Thus, if the object of the stipulation be supposed by one or both the parties to be an ingot of silver, and it really is a mass of some other metal that resembles silver, there is an error bearing on the substance of the object.

Art. 1846

Error in law, as well as error in fact, invalidates a contract, where such error is its only or principal cause, subject to the following modifications and restrictions:

1. Although the party may have been ignorant of his right, yet if the contract, made under such error, fulfilled any such natural obligation as might from its nature induce a presumption that it was made in consequence of the obligation, and not from error of right, then such error shall not be alleged to avoid the contract. Thus, the natural obligation to perform the will of the donor, prevents the donee from reclaiming legacies or gifts he has paid under a testament void only for want of form.

2. A contract, made for the purpose of avoiding litigation, can not be rescinded for error of law.

3. Error of law can never be alleged as the means of acquiring, though it may be invoked as the means of preventing loss or of recovering what has been given or paid under such error. The error, under which a possessor may be as to the legality [illegality] of his title, shall not give him a right to prescribe under it.

4. A judicial confession of a debt shall not be avoided by an allegation of error of law, though it may be by showing an error of fact.

5. A promise or contract, that destroys a prescriptive right, shall not be avoided by an allegation that the party was ignorant or in an error with regard to the law of prescription.

6. If a party has an exception, that destroys the natural as well as the perfect obligation, and, through error of law, makes a promise or contract that destroys such exception, he may avail himself of such error; but if the exception destroys only the perfect, but not the natural obligation, error of law shall not avail to restore the exception.

Art. 1847

Fraud, as applied to contracts, is the cause of an error on a material part of the contract, created or continued by artifice, with design to obtain some injust advantages to the one party, or to cause an inconvenience or loss to the other. From which definition are drawn the following rules:

1. Error is an essential part of the definition; an article [artifice] that can not deceive can have no effect in influencing the consent, and can not injure the validity of the contract.

2. The error must be on a material part of the contract, that is to say, such part as may reasonably be presumed to have influenced the party in making it; but it needs not be the principal cause of the contract, as it must be in the case of simple error without artifice.

3. A false assertion as to the value of that which is the object of the contract, is not such an artifice as will invalidate the agreement, provided the object is of such a nature and is in such a situation that he, who induced to contract by means of the assertion, might with ordinary attention have detected the falsehood; he shall then be supposed to have been influenced more by his own judgment than the assertion of the other.

4. But a false assertion of the value or cost, or quality of the object, will constitute such artifice, if the object be one that requires particular skill or habit, or any difficult or inconvenient operation to discover the truth or falsity of the assertion. Sales of articles falsely asserted to be composed of precious metals, sales of merchandise by a false invoice, of any article by a false sample, of goods in packages or bales, which can not without inconvenience be unpacked or inspected, or where the party making the sale avoids the inspection with intent to deceive, of goods at sea or at a distance, are, with others of a like nature, referable to this rule.

5. It must be caused or continued by artifice, by which is meant either an assertion of what is false, or a suppression of what is true, in relation to such part of the contract as is stated in the second rule.

6. The assertion and suppression, mentioned in the last preceding rule, mean not only an affirmation or negation by words either written or spoken, but any other means calculated to produce a belief of what is false, or an ignorance or disbelief of what is true.

7. The artifice must be designed to obtain either an unjust advantage to the party for whose benefit the artifice is carried on, or a loss or inconvenience to him against whom it is practiced, although attended with advantage to no one.

8. It is not necessary that either of the effects mentioned in the last preceding rule should have actually been produced; it is sufficient to constitute the fraud, that such would be the effect of the contract, if it were actually performed.

9. If the artifice be practiced by a party to the contract, or by another with his knowledge or by his procurement, it vitiates the contract; but if the artifice be practiced by a third person, without the knowledge of the party who benefits by it, the contract is not vitiated by the fraud, although it may be void on account of error, if that error be of such a nature as to invalidate it; in this case the party injured may recover his damages against the person practicing the fraud.

10. In the words „loss or inconvenience" which may be suffered by the party, is included the preventing him from obtaining any gain or advantage, which, without the artifice, he might have obtained.

11. If the advantage to be gained by the party, in favor of whom the artifice is practiced, gives him no unjust advantage, that is to say, no advantage at the expense of the other party, and this latter would neither suffer incon-

venience nor loss in consequence of the deception, if the contract were performed, the artifice does not vitiate it.

12. Combinations with respect to sales to enhance the price by false bids or offers, or to depress it by false assertions, are artifices, which invalidate the contract, when practiced by those who are parties to it, or give rise to an action for damages where they are not.

Art. 1851

It is not every degree of violence or every kind of threats that will invalidate a contract; they must be such as would naturally operate on a person of ordinary firmness, and inspire a just fear of great injury to person, reputation or fortune. The age, sex, state of health, temper and disposition of the party, and other circumstances calculated to give greater or less effect to the violence or threats, must be taken into consideration.

Art. 1852

A contract, produced by violence or threats, is void, although the party, in whose favor the contract is made, did not exercise the violence or make the threats, and although he were ignorant of them.

Art. 1853

Violence or threats are causes of nullity, not only where they are exercised on the contracting party, but also when the wife, the husband, the descendants or ascendants of the party are the object of them.

Art. 1854

The mere reverential fear of a relation in the ascending line, where no violence has been offered, nor threats made, will not invalidate a contract.

Art. 1856

If the violence used be only a legal constraint, or the threats only of doing that which the party using them had a right to do, they shall not invalidate the contract. A just and legal imprisonment, or threats of any measure authorized by law and by the circumstances of the case, are of this description.

Art. 1857

But the mere forms of law to cover coercive proceedings for an unjust and illegal cause, if used or threatened in order to procure the assent to a contract, will invalidate it. An arrest without cause of action, or a demand of bail in an unreasonable sum, or threats of such proceeding, by this rule, invalidate a contract made under their pressure.

Art. 1861

The law, however, will not release a person of full age, and who is under no incapacity, against the effect of his voluntary contracts, on account of such implied error or imposition, except in the two following cases:

1. In partition where there is a difference in the value of the portions to more than the amount of one-fourth to the prejudice of one or (of) the parties;

2. In sales of immovable property, the vendor may be relieved, if the price given is less than one-half of the value of the thing sold; but the sale can not be invalidated for lesion to the injury of the purchaser.

Art. 1862

Lesion can be alleged by persons of full age in no other sale than one for immovables, in which is included whatever is immovable by destination.

Art. 1863

Persons of full age are relieved for lesion in no other contracts than those above expressed, except as hereinafter provided regarding the contract of exchange.

Art. 1866

Lesion needs not be alleged to invalidate such contracts as are made by minors, either without the intervention of their tutors, or with such intervention, but unattended by the forms prescribed by law. Such contracts, being void by law, may be declared so, either in a suit for nullity or on exception, without any other proof than that of the minority of the party and the want of formality in the act.

Art. 1881

Engagements made through error, violence, fraud or menace, are not absolutely null, but are voidable by the parties, who have contracted under the influence of such error, fraud, violence or menace, or by the representatives of such parties.

Art. 1886

An obligation must have for its object something determinate, at least as to its species.

The quantity of a thing may be uncertain, provided it be capable of being ascertained.

Art. 1887

Future things may be the object of an obligation

One can not, however, renounce the succession of an estate not yet devolved, nor can any stipulation be made with regard to such a succession, even with the consent of him whose succession is in question.

Art. 1891

The object of a contract must be possible, by which is meant physically or morally possible. The possibility must be determined, not by the means or ability of the party to fulfill his agreement, but by the nature of the thing which forms the object of it.

Art. 1892

That is considered as morally impossible, which is forbidden by law, or contrary to morals. All contracts having such an object are void.

Art. 1893

An obligation without a cause, or with a false or unlawful cause, can have no effect.

Art. 1894

An agreement is not the less valid, though the cause be not expressed.

Art. 1895

The cause is unlawful, when it is forbidden by law, when it is *contra bonos mores* (contrary to moral conduct) or to public order.

Art. 1896

By the cause of the contract, in this section, is meant the consideration or motive for making it; and a contract is said to be without a cause, whenever the party was in error, supposing that which was his inducement for contracting to exist, when in fact it had never existed, or had ceased to exist before the contract was made.

Art. 1897

The contract is also considered as being without cause when the consideration for making it was something which, in the contemplation of the parties, was thereafter expected to exist or take place, and which did not take place or exist. A gift in consideration of a future marriage is void by this rule, if the marriage do not take place.

Art. 1898

Where the consideration or cause of the contract really exists at the time of making it, but afterwards fails, it will not affect the contract, if all that was intended by the parties be carried into effect at the time. The destruction of property sold, after the sale is perfected, without the fault of the seller, is a case governed by this rule.

Art. 1899

But, if the contract consists of several successive obligations to be performed at different times, and the equivalent is not given in advance for the whole, but is either expressly or impliedly promised to be given at future periods; then, if the cause of the contract, corresponding to either of the successive obligations, should fail, the obligation depending on it will cease also. Thus, in leases for years, the obligation to pay the yearly rent ceases, if the property which is leased should be destroyed.

Art. 1900

If the cause expressed in the consideration should be one that does not exist, yet the contract cannot be invalidated, if the party can show the existence of a true and sufficient consideration.

Art. 2221

In all cases, in which the action of nullity or of rescission of an agreement, is not limited to a shorter period by [a] particular law, that action may be brought within ten years.

That time commences in case of violence, only from the day on which the violence has ceased; in case of error or deception, from the day on which either was discovered, and for acts executed by married women not authorized, from the day of the dissolution of the marriage or of the separation.

With regard to acts executed by persons under interdiction, the time commences only from the day that the interdiction is taken off; and with regard to acts executed by minors, only from the day on which they become of age.

Art. 2222

A simple lesion gives occasion to rescission, in favor of a minor not emancipated, against all sorts of engagements; and in favor of a minor emancipated, against all engagements exceeding the bounds of his capacity, as is laid down under the title: Of Minors, of their Tutorship and Emancipation.

Art. 2239

Counter letters can have not effect against creditors or *bona fide* purchasers; they are valid as to all others; but forced heirs shall have the same right to annul absolutely and by parol evidence the simulated contracts of those from whom they inherit, and shall not be restricted to the legitimate (legitime).

Art. 2480

In all cases where the thing sold remains in the possession of the seller, because he has reserved to himself the usufruct, or retains possession by a precarious title, there is reason to presume that the sale is simulated, and with respect to third persons, the parties must produce proof that they are acting in good faith, and establish the reality of the sale.

Art. 3542

The following actions are prescribed by five years:
That for the nullity or rescission of contracts, testaments or other acts.
That for the reduction of excessive donations.
That for the rescission of partitions and guarantee of the portions.
This prescription only commences against minors after their majority.

Maine Revised Statutes, 1964

Title 33, section 52 (1)

No action shall be maintained on any contract made by a minor, unless he, or some person lawfully authorized, ratified it in writing after he arrived at the age of 21 years, except for necessaries or real estate of which he has received the title and retains the benefit.

Michigan Statutes, 1962

Section 27 A. 1403

Whenever, in any suit brought for the recovery of goods, wares, merchandise or chattels, or for the value thereof, or for the balance remaining due thereon, or upon any note or promise for the recovery of a loan of money, against any person who pleads as a defense to such suit that he was under age of 21 years at the time of purchase or loan thereof, such defense shall not be available, nor shall such person upon attaining majority be permitted to disaffirm, the contract of purchase or loan thereof, nor recover any money paid thereon, if:

(1) it appears upon the trial of the suit that the person against whom such action is brought wilfully represented his age to be over 21 years to the seller or his assignee of such goods, wares, merchandise or chattels for the purpose of securing the loan of money, knowing the same to be false and that the seller had no actual knowledge of the actual age of such minor; and

(2) the representation was made in writing in a separate instrument containing only the statement of age, date of signing and the signature, or the representation is admitted in open court.

Code of Mississippi, 1942

Section 271

An action shall not be maintained whereby to charge any person upon any promise made after full age to pay any debt contracted during infancy, or upon any ratification after full age of any promise or contract made during infancy, unless such promise or ratification shall be made by some writing, signed by the person to be charged therewith.

Revised Statutes of the State of Missouri, 1959

Section 431.060

No action shall be maintained whereby to charge any person upon any debt contracted during infancy, unless such person shall have ratified the same by some other act than a verbal promise to pay the same; and the following acts on the part of such person after he becomes of full age shall constitute a ratification of such debt:

(1) An acknowledgment of, or promise to pay such debt, made in writing;

(2) A partial payment upon such debt;

(3) A disposal of part or all of the property for which such debt was contracted;

(4) A refusal to deliver property in his possession or under his control, for which such debt was contracted, to the person to whom the debt is due, on demand therefor made in writing.

Revised Codes of Montana, 1947

Ss. 64.106, 64.110, 64.111

Section 64.106

A minor may make a conveyance or other contract in the same manner as any other person, subject only to his power of disaffirmance under the provisions of this chapter, and to the provisions of the chapters on marriage.

Section 64.110

A person entirely without understanding has no power to make a contract of any kind, but he is liable for the reasonable value of things furnished to him necessary for his support or the support of his family.

Section 64.111

A conveyance or other contract of a person of unsound mind, but not entirely without understanding, made before his incapacity has been judicially determined, is subject to rescission, as provided in the chapter on rescission of this code.

Revised Statutes of New Jersey, 1937

Section 25.1–6

No action shall be maintained to charge any person upon any promise, made after full age, to pay any debt contracted during infancy, to which infancy would be a defense, unless such promise be put in writing and signed by the party to be charged therewith.

General Statutes of North Carolina, 1953

Section 1–52

Within three years an action –

1. Upon a contract, obligation or liability arising out of a contract, express or implied, except those mentioned in the preceding sections.

2. Upon a liability created by statute, other than a penalty or forfeiture, unless some other time is mentioned in the statute creating it.

3. For trespass upon real property. When the trespass is a continuing one, the action shall be commenced within three years from the original trespass, and not thereafter.

4. For taking, detaining, converting or injuring any goods or chattels, including action for their specific recovery.

5. For criminal conversation, or for any other injury to the person or rights of another, not arising on contract and not hereafter enumerated.

6. Against the sureties of any executor, administrator, collector or guardian on the official bond of their principal; within three years after the breach thereof complained of.

7. Against bail; within three years after judgment against the principal; but bail may discharge himself by a surrender of the principal, at any time before final judgment against the bail.

8. For fees due to a clerk, sheriff or other officer, by the judgment of a court; within three years from the rendition of the judgment, or the issuing of the last execution thereon.

9. For relief on the ground of fraud or mistake; the cause of action shall not be deemed to have accrued until the discovery by the aggrieved party of the facts constituting the fraud or mistake.

10. For the recovery of real property sold for the nonpayment of taxes, within three years after the execution of the sheriff's deed.

11. For the recovery of any amount under and by virtue of the provisions of the Fair Labor Standards Act of one thousand nine hundred and thirty-eight and amendments thereto, said act being an act of Congress.

North Dakota Century Code, 1960

Ss. 14–0101, 14–0102, 14–1009, 14–1011, 32–0423

Section 14–0101

A person, entirely without understanding has no power to make a contract of any kind, but he is liable for the reasonable value of things furnished to him necessary for his support or the support of his family.

Section 14–0102

A conveyance or other contract of a person of unsound mind, but not entirely without understanding, made before his incapacity has been determinded judicially upon application for the appointment of a guardian is subject to rescission as provided by the laws of this state.

Section 14–1009

A minor cannot give a delegation of power. A person under the age of eighteen may not make a contract relating to real property or any interest therein, nor relating to any personal property not in his immediate possession or control.

Section 14–1011

In all cases other than those specified in sections 14–1012 and 14–1013 the contract of a minor, if made while he is under the age of eighteen, may be disaffirmed by the minor himself, either before his majority or within one year's time afterwards, or in case of his death within that period, by his heirs or personal representatives. If the contract is made by the minor while he is over the age of eighteen, it may be disaffirmed in like manner upon restoring the consideration to the party from whom it was received or paying its equivalent with interest.

Section 32–0423

On adjudging the rescission of a contract, the court may require the party to whom such relief is granted to make any compensation to the other which justice may require.

Revised Code of Ohio, 1964

Section 2111.04

No guardian of the person, the estate, or both shall be appointed until at least three days after the probate court has caused written notice, setting forth the time and place of the hearing, to be served upon the following persons:

(A) In the appointment of the guardian of a minor, notice shall be served:

(1) Upon such minor, if over the age of fourteen years, by personal service;

(2) Upon each parent of such minor whose name and address are known or can, with reasonable diligence be ascertained, provided such parent is free from disability other than minority;

(3) Upon the next of kin of such minor known to reside in the county in which application is made, if there is no living parent, the name and address

of the parent cannot be ascertained, or the parent is under disability other than minority;

(4) Upon the person having the custody of such minor.

(B) In the appointment of the guardian of an incompetent, notice shall be served:

(1) Upon the person for whom such appointment is sought by personal service;

(2) Upon the next of kin of such person for whom appointment is sought known to reside in the county in which application is made.

Such notice shall be served in the manner provided by sections 2101.26, 2101.27 and 2101.28 of the Revised Code, except that when required by this section, personal service of such notice shall be made on the person for whom such appointment is sought. Such personal service of notice when required by this section may be made out of the state by anyone designated by the court to serve such notice.

Such notice may be waived in writing by all competent persons except the person for whom such appointment is sought.

From the service of such notice until the hearing no sale, gift, conveyance, or encumbrance of the property of such incompetent shall be valid as to all persons having notice of such proceeding.

Oklahoma Statutes, 1961

Title 15 ss. 17, 19, 22, 23

Section 17

A minor cannot give a delegation of power, nor under the age of eighteen, make a contract relating to real property, or any interest therein, or relating to any personal property not in his immediate possession or control, except as otherwise specially provided.

Section 19

In all cases other than those specified herein, the contract of a minor, if made whilst he is under the age of eighteen may be disaffirmed by the minor himself, either before his majority or within one year's time afterwards; or in case of his death within that period, by his heirs or personal representatives; and if the contract be made by the minor whilst he is over the age of eighteen, it may be disaffirmed in like manner upon restoring the consideration to the party from whom it was received or paying its equivalent with interest.

Section 22

A person entirely without understanding has no power to make a contract of any kind, but he is liable for the reasonable value of things furnished to him necessary to his support or the support of his family.

Section 23

A conveyance or other contract of a person of unsound mind, but not entirely without understanding, made before his incapacity has been judicially determined, is subject to rescission without prejudice to the rights of third persons, as provided in the article on extinction of contracts.

Revised Statutes of Oregon, 1953

Ss. 12.040 (4), 12.110 (1)

Section 12.040

...

(4) In a suit upon a new promise, fraud or mistake, the limitation shall only be deemed to commence from the making of the new promise or the discovery of the fraud or mistake.

Section 12.110 (1)

(1) An action for assault, battery, false imprisonment, for criminal conversation, or for any injury to the person or rights of another, not arising on contract, and not especially enumerated in this chapter, shall be commenced within two years; provided, that in an action at law based upon fraud or deceit, the limitation shall be deemed to commence only from the discovery of the fraud or deceit.

Pennsylvania Statutes, 1958

Title 50, Section 3511

An incompetent shall be incapable of making any contract or gift or any instrument in writing after he is adjudged incompetent and before he is adjudged to have regained his competency. This section shall not impair the interest in real estate acquired by a bona fide grantee of, or bona fide holder of a lien on, real estate in a county other than that in which the decree establishing the incompetency is entered, unless the decree or a duplicate original or certified copy thereof is recorded in the office of the recorder of deeds in the county in which the real estate lies before the recording or entering of the instrument or lien under which the grantee or lienholder claims.

Code of Laws of South Carolina, 1962

Section 11–152

No action shall be maintained whereby to charge any person upon any promise made after full age to pay any debt contracted during infancy or upon any ratification after full age of any promise (except upon contracts for necessaries) made during infancy unless such promise or ratification shall be made by some writing signed by the party to be charged therewith.

Code of South Dakota, 1939

Ss. 30.0801, 30.0802, 37.0601, 37.0703, 37.4603, 43.0103, 43.0105

Section 30.0801

A person entirely without understanding has no power to make a contract of any kind, but he is liable for the reasonable value of things furnished to him necessary for his support or the support of his family.

Section 30.0802

A conveyance or other contract of a person of unsound mind, but not entirely without understanding, made before his incapacity has been judicially determined, is subject to rescission as provided in chapter 37.07.

Section 37.0601

When through fraud or mutual mistake of the parties, or a mistake of one party which the other at the time knew or suspected, a written contract does not truly express the intention of the parties, it may be revised on the application of a party aggrieved so as to express that intention, so far as it can be done without prejudice to rights acquired by third persons, in good faith and for value.

Section 37.0703

On adjudging the rescission of a contract, the court may require the party to whom such relief is granted to make any compensation to the other which justice may require.

Section 37.4603

Specific performance cannot be enforced against a party to a contract in any of the following cases:

(1) If he has not received an adequate consideration for the contract;

(2) If it is not, as to him, just and reasonable;

(3) If his assent was obtained by misrepresentation, concealment, circumvention, or unfair practice of any party, to whom performance would become due under the contract, or by any promise of such party which has not been substantially fulfilled;

(4) If his assent was given under the influence of mistake, misapprehension, or surprise, except that where the contract provides for compensation in case of mistake, a mistake within the scope of such provision may be compensated for, and the contract specifically enforced in other respects, if proper to be so enforced.

Section 43.0103

A minor cannot give a delegation of power, nor, under the age of eighteen, make a contract relating to real property, or any interest therein, or relating to any personal property not in his immediate possession or control.

Section 43.0105

In all cases other than those specified in sections 43.0106 and 43.0107, the contract of a minor, if made while he is under the age of eighteen, may be disaffirmed by the minor himself, either before his majority or within one year's time afterwards; or in case of his death within that period, by his heirs or personal representatives; and, if the contract be made by the minor while he is over the age of eighteen, it may be disaffirmed in like manner upon restoring the consideration to the party from whom it was received or paying its equivalent with interest.

Code of Utah, 1953

Ss. 15–2–2, 15–2–3, 78–12–26

Section 15–2–2

A minor is bound not only for reasonable value of necessaries but also by his contracts, unless he disaffirms them before or within a reasonable time after he attains his majority and restores to the other party all money or property received by him by virtue of said contracts and remaining within his control at any time after attaining his majority.

Section 15–2–3

No contract can be thus disaffirmed in cases where, on account of the minor's own misrepresentations as to his majority or from his having engaged in business as adult, the other party had good reason to believe the minor capable of contracting.

Section 78–12–26

Within three years:

(1) An action for waste, or trespass upon or injury to real property; provided, that when waste or trespass is committed by means of underground works upon any mining claim, the cause of action shall not be deemed to have accrued until the discovery by the aggrieved party of the facts constituting such waste or trespass.

(2) An action for taking, detaining or injuring personal property, including actions for specific recovery thereof; provided, that in all cases where the subject of the action is a domestic animal usually included in the term „livestock", having upon it at the time of its loss a recorded mark or brand, if such animal had strayed or was stolen from the true owner without his fault, the cause shall not be deemed to have accrued until the owner has actual knowledge of such facts as would put a reasonable man upon inquiry as to the possession thereof by the defendant.

(3) An action for relief on the ground of fraud or mistake; but the cause of action in such case shall not be deemed to have accrued until the discovery by the aggrieved party of the facts constituting the fraud or mistake.

(4) An action for a liability created by the statutes of this state, other than for a penalty or forfeiture under the laws of this state, except where in special cases a different limitation is prescribed by the statutes of this state.

Code of Virginia, 1950

Section 11–2 (2)

To charge any person upon a promise made, after full age, to pay a debt contracted during infancy, or upon a ratification after full age, of a promise or simple contract made during infancy; or . . .

Revised Code of Washington, 1952

Section 26.28.040

No contract can be thus disaffirmed in cases where, on account of the minor's own misrepresentations as to his majority, or from his having engaged in business as an adult, the other party had good reasons to believe the minor capable of contracting.

Kolibri 360 GmbH
Ferdinand-Jühlke-Straße 7
99095 Erfurt, Deutschland
produktsicherheit@kolibri360.de